大方廣佛華嚴經卷第二十一

十迴向品第二十五之十一

大方廣佛華嚴經

일러두기

1. 『대방광불화엄경 강설』 원문原文의 저본底本은 근세에 교정이 가장 잘 되었다고 정평이 나 있는 대만臺灣의 불타교육기금회佛陀敎育基金會에서 출판한 『화엄경소초華嚴經疏鈔』본입니다.

2. 『대방광불화엄경 강설』은 실차난타實叉難陀가 695년부터 699년까지 4년에 걸쳐 번역해 낸 80권본卷本 『대방광불화엄경』을 우리말로 옮기고 강설을 붙인 것입니다.

3. 『대방광불화엄경』은 애초 산스크리트에서 한역漢譯된 경전이지만 현재 산스크리트본은 소실된 상태입니다. 산스크리트를 음차한 경우 굳이 원래 소리를 표기하려고 하기보다는 『표준국어대사전』이나 『불교사전』 등에 등재된 한자음을 사용하는 것을 원칙으로 하였습니다.

4. 경문의 한글 번역은 동국역경원본을 참고하여 그대로 또는 첨삭을 하며 의미대로 번역하고 다듬었습니다.

5. 각 품마다 내용에 따라 단락을 나누고 제목을 달았습니다. 단락의 제목은 주로 청량淸凉스님의 견해에 기초하였고 이통현李通玄장자의 견해를 참고로 하였습니다.

6. 『대방광불화엄경 강설』의 발행 순서는 한역 경전의 편재 순서를 기준으로 하였고 각 권은 단행본 한 권씩으로 출간될 예정이며 모두 80권으로 완간됩니다. 다만 80권본에 빠져 있는 「보현행원품」은 80권본 완역 및 강설 후 시리즈에 포함돼 추가될 예정입니다.

7. 『대방광불화엄경 강설』 안에서 불교용어를 풀이한 것은 운허스님이 저술하고 동국역경원에서 편찬한 『불교사전』을 인용하였습니다.

8. 각주의 청량스님의 소疏는 대만에서 입력한 大方廣佛華嚴經 사이트의 것을 사용하였습니다.

9. 『대방광불화엄경 강설』 입법계품에 들어가는 문수지남도는 북송北宋시대 불국佛國선사가 선재동자가 53명의 선지식을 친견하여 법을 구하는 장면을 하나하나 그림으로 그린 것입니다.

대방광불화엄경 강설
제 33 권

二十五. 십회향품+廻向品 11

실차난타實叉難陀 한역
무비스님 강설

서문

지혜 있는 사람의 회향하는 법을
모든 부처님께서 이미 다 열어 보이고
가지가지 선근을 다 회향하나니
그러므로 보살도를 능히 다 이뤘도다.

불자들이 이 회향을 잘 배우고
한량없는 행원行願을 원만히 성취하여
법계 중생 남김없이 다 거두었을새
그러므로 부처님의 힘을 능히 이루었도다.

부처님께서 말씀하신 모든 보살의
광대하고 수승한 행行을 성취하려면
마땅히 이 회향에 잘 머무를지니
이 모든 불자를 보현普賢이라 부르도다.

오히려 일체 중생 다 셀 수 있으며
삼세의 마음들도 또한 알 수 있으나
이와 같은 보현보살 모든 불자의
그지없는 공덕은 측량 못하리라.

작은 터럭 하나로 허공 끝을 다 재고
많고 많은 세계 먼지 다 헤아려 알지만
이와 같은 큰 신선神仙 모든 불자의
머무는 행원行願은 측량하지 못하리라.

2015년 10월 1일
신라 화엄종찰 금정산 범어사
如天 無比

대방광불화엄경 목차

제1권	1. 세주묘엄품世主妙嚴品 [1]	제18권	18. 명법품明法品
제2권	1. 세주묘엄품世主妙嚴品 [2]	제19권	19. 승야마천궁품昇夜摩天宮品
제3권	1. 세주묘엄품世主妙嚴品 [3]		20. 야마천궁게찬품夜摩天宮偈讚品
제4권	1. 세주묘엄품世主妙嚴品 [4]		21. 십행품十行品 [1]
제5권	1. 세주묘엄품世主妙嚴品 [5]	제20권	21. 십행품十行品 [2]
제6권	2. 여래현상품如來現相品	제21권	22. 십무진장품十無盡藏品
제7권	3. 보현삼매품普賢三昧品	제22권	23. 승도솔천궁품昇兜率天宮品
	4. 세계성취품世界成就品	제23권	24. 도솔궁중게찬품兜率宮中偈讚品
제8권	5. 화장세계품華藏世界品 [1]		25. 십회향품十廻向品 [1]
제9권	5. 화장세계품華藏世界品 [2]	제24권	25. 십회향품十廻向品 [2]
제10권	5. 화장세계품華藏世界品 [3]	제25권	25. 십회향품十廻向品 [3]
제11권	6. 비로자나품毘盧遮那品	제26권	25. 십회향품十廻向品 [4]
제12권	7. 여래명호품如來名號品	제27권	25. 십회향품十廻向品 [5]
	8. 사성제품四聖諦品	제28권	25. 십회향품十廻向品 [6]
제13권	9. 광명각품光明覺品	제29권	25. 십회향품十廻向品 [7]
	10. 보살문명품菩薩問明品	제30권	25. 십회향품十廻向品 [8]
제14권	11. 정행품淨行品	제31권	25. 십회향품十廻向品 [9]
	12. 현수품賢首品 [1]	제32권	25. 십회향품十廻向品 [10]
제15권	12. 현수품賢首品 [2]	**제33권**	**25. 십회향품十廻向品 [11]**
제16권	13. 승수미산정품昇須彌山頂品	제34권	26. 십지품十地品 [1]
	14. 수미정상게찬품須彌頂上偈讚品	제35권	26. 십지품十地品 [2]
	15. 십주품十住品	제36권	26. 십지품十地品 [3]
제17권	16. 범행품梵行品	제37권	26. 십지품十地品 [4]
	17. 초발심공덕품初發心功德品	제38권	26. 십지품十地品 [5]

제39권 26. 십지품 十地品 [6]

제40권 27. 십정품 十定品 [1]

제41권 27. 십정품 十定品 [2]

제42권 27. 십정품 十定品 [3]

제43권 27. 십정품 十定品 [4]

제44권 28. 십통품 十通品

           29. 십인품 十忍品

제45권 30. 아승지품 阿僧祇品

           31. 여래수량품 如來壽量品

           32. 보살주처품 菩薩住處品

제46권 33. 불부사의법품 佛不思議法品 [1]

제47권 33. 불부사의법품 佛不思議法品 [2]

제48권 34. 여래십신상해품 如來十身相海品

           35. 여래수호광명공덕품
               如來隨好光明功德品

제49권 36. 보현행품 普賢行品

제50권 37. 여래출현품 如來出現品 [1]

제51권 37. 여래출현품 如來出現品 [2]

제52권 37. 여래출현품 如來出現品 [3]

제53권 38. 이세간품 離世間品 [1]

제54권 38. 이세간품 離世間品 [2]

제55권 38. 이세간품 離世間品 [3]

제56권 38. 이세간품 離世間品 [4]

제57권 38. 이세간품 離世間品 [5]

제58권 38. 이세간품 離世間品 [6]

제59권 38. 이세간품 離世間品 [7]

제60권 39. 입법계품 入法界品 [1]

제61권 39. 입법계품 入法界品 [2]

제62권 39. 입법계품 入法界品 [3]

제63권 39. 입법계품 入法界品 [4]

제64권 39. 입법계품 入法界品 [5]

제65권 39. 입법계품 入法界品 [6]

제66권 39. 입법계품 入法界品 [7]

제67권 39. 입법계품 入法界品 [8]

제68권 39. 입법계품 入法界品 [9]

제69권 39. 입법계품 入法界品 [10]

제70권 39. 입법계품 入法界品 [11]

제71권 39. 입법계품 入法界品 [12]

제72권 39. 입법계품 入法界品 [13]

제73권 39. 입법계품 入法界品 [14]

제74권 39. 입법계품 入法界品 [15]

제75권 39. 입법계품 入法界品 [16]

제76권 39. 입법계품 入法界品 [17]

제77권 39. 입법계품 入法界品 [18]

제78권 39. 입법계품 入法界品 [19]

제79권 39. 입법계품 入法界品 [20]

제80권 39. 입법계품 入法界品 [21]

제81권 40. 보현행원품 普賢行願品

대방광불화엄경 강설 제33권

二十五. 십회향품 十廻向品 11

4. 금강당보살이 열 가지 회향을 설하다

12) 제10 등법계무량회향

(15) 보리에 회향하다

　　　3〉 의보의 과가 원만하기를 원하다 ··················· 12

　　　　〈1〉 원의 상을 밝히다 ····················· 12

　　　　〈2〉 내보의 장엄 ························· 15

　　　　〈3〉 외보의 장엄 ······················· 20

　　　　〈4〉 사에 나아가서 법을 이룸 ··············· 26

　　　　〈5〉 법의 존귀함 ······················· 31

　　　　〈6〉 사상의 보배가 법문을 이룸 ············· 32

　　　　〈7〉 육근과 삼업의 보배 ·················· 39

　　　　〈8〉 사람 보배로써 장엄함 ················ 43

　　　4〉 모두 맺다 ···································· 45

　　　5〉 다른 여러 가지 장엄 ·················· 46

　　(16) 회향하는 까닭을 널리 밝히다 ········· 47

　　　1〉 중생을 위한 회향 ····················· 47

　　　2〉 보리를 위한 회향 ····················· 54

　　　3〉 실제를 위한 회향 ····················· 60

　　(17) 회향하여 이익을 이룸 ·················· 67

　　(18) 과위를 밝히다 ························· 71

5. 상서를 나타내 보이다 ················· 80

　1) 땅을 진동시켜 믿음을 내게 하다 ······· 80

　2) 공양을 일으키다 ······················· 82

6. 시방세계도 모두 이와 같다 ············· 88

7. 백만 세계의 미진수 보살들이 증명하다 ········· 90

8. 게송으로 찬탄하다 ··················· 94

　1) 찬탄하는 위의와 뜻을 펴다 ············· 94

　2) 회향하는 선근 ························· 96

　3) 회향하는 행 ························· 105

4) 과위를 밝히다 ···································· 111

  (1) 부처님 친견의 자재 ······················ 111

  (2) 청정을 얻다 ······························· 111

  (3) 제10 회향의 총결 ························ 128

5) 회향의 수승한 덕을 찬탄하다 ··············· 130

  (1) 수행을 들어서 수승함을 찬탄하다 ········· 130

  (2) 수행하기를 권하다 ······················ 136

6) 공덕을 헤아리다 ····························· 139

대방광불화엄경 강설

제33권

二十五. 십회향품 11

4. 금강당보살이
열 가지 회향을 설하다

12) 제10 등법계무량회향等法界無量廻向

(15) 보리菩提에 회향하다

3〉 의보依報의 과果가 원만하기를 원하다

〈1〉 원願의 상相을 밝히다

불 자　보 살 마 하 살　부 이 법 시　소 수 선 근
佛子야 **菩薩摩訶薩**이 **復以法施**의 **所修善根**으로

여 시 회 향
如是廻向호대

"불자들이여, 보살마하살이 다시 법을 보시하여 수
행한 선근으로 이와 같이 회향하느니라."

길고 긴 십회향품의 마지막 권이며, 제10 회향의 중간 설법이다. 제10 회향은 법계와 동등한 한량없는 회향[等法界無量廻向]이다. 이 회향의 15번째 큰 과목인 '(15) 보리에 회향하다' 중 '의보依報의 과果가 원만하기를 원하다'라는 내용이다. 그중에서 원願의 상相을 밝혔다.

보살이 다시 법을 보시하여 닦은 선근을 회향하는 내용이 이어진다. 정보正報가 보살 자신에 대한 과보라면 의보依報는 보살이 활동하는 환경과 세계에 대한 과보이다. 그래서 세계가 모두 청정하며 가히 말할 수 없이 많은 장엄거리로 장엄하여지기를 원하는 등의 내용을 설하고 있다.

원 일 체 불 찰   개 실 청 정   이 불 가 설 불 가 설
願一切佛刹이 皆悉淸淨하며 以不可說不可說

장 엄 구   이 장 엄 지   일 일 불 찰   기 량 광 대
莊嚴具로 而莊嚴之하며 一一佛刹이 其量廣大하야

동 어 법 계   순 선 무 애   청 정 광 명
同於法界하며 純善無礙하며 淸淨光明하며

"'원컨대 모든 부처님의 세계가 청정하여 말할 수 없

이 말할 수 없는 장엄거리로 장엄하며, 낱낱 세계가 넓고 커서 법계와 같으며, 순일하게 선善하고 걸림이 없으며, 청정하고 광명하여지이다.' 라고 하느니라."

諸佛이 於中에 現成正覺하며 一佛刹中에 清淨

제불 어중 현성정각   일불찰중 청정

境界가 悉能顯現一切佛刹하며 如一佛刹하야 一

경계 실능현현일체불찰   여일불찰 일

切佛刹도 亦復如是하니라

체불찰 역부여시

"'모든 부처님께서 그 가운데서 정각正覺 이룸을 나타내며, 한 부처님 세계의 청정한 경계에 능히 일체 부처님 세계를 나타내며, 한 부처님 세계와 같이 일체 부처님의 세계도 또한 다시 이와 같아지이다.' 라고 하느니라."

보살이 법을 보시하여 수행한 선근으로 무수한 세계가 광대하고 순수하고 청정하고 광명하여 모든 부처님께서 정각을 이룸이 나타나는 등이 한 세계에서와 같이 일체 세계에서도 그와 같아지기를 원하는 내용이다.

〈2〉 내보內寶의 장엄

기 일 일 찰   실 이 등 법 계 무 량 무 변 청 정 묘 보
其一一刹을 **悉以等法界無量無邊清淨妙寶**

장 엄 지 구   이 위 엄 식
莊嚴之具로 **而爲嚴飾**하니

"그 낱낱 세계를 다 법계와 동등하고 한량없고 그지없이 청정한 묘한 보배 장엄거리로 장엄하였느니라."

장엄에는 내보內寶의 장엄이 있고 외보外寶의 장엄이 있다. 먼저 자리와 천[衣]과 휘장과 일산 등과 같은 내보의 장엄을 밝혔다. 보살이 법을 보시하여 회향함으로 보살이 사는 안팎의 일체 환경과 마음 작용과 자비와 지혜와 그가 만나는 모든 성현과 사람과 사람의 육근과 육진과 육식 등 일체 삶의 영역이 모두 무량하고 무변하고 불가사의한 장엄으로 꾸며졌다는 뜻이리라. 화엄경 서두의 "세존께서 처음 정각을

이루시니 그 땅은 견고하여 모두 다이아몬드로 이루어졌더라. 또한 사자좌와 궁전과 보리수나무까지 일체가 금은보화로 이루어졌더라.”라는 경문과 함께 이해하면 그 뜻이 풀리리라 생각한다.

소위 아승지 청정보좌　부중보의　　아승지
所謂阿僧祇淸淨寶座에 敷衆寶衣하며 阿僧祇

보장　　보망수포　　아승지보개　일체묘보　호
寶帳에 寶網垂布하며 阿僧祇寶蓋에 一切妙寶가 互

상영철　　아승지보운　보우중보
相暎徹하며 阿僧祇寶雲이 普雨衆寶하며

“이른바 아승지 청정한 보배 자리에는 여러 가지 보배 천[衣]을 깔았고, 아승지 보배 휘장에는 보배 그물로 드리웠고, 아승지 보배 일산日傘에는 일체 아름다운 보배가 서로 비치었고, 아승지 보배 구름에서는 여러 가지 보배를 비 내리었느니라.”

온갖 보배들의 그 많음을 모두 아승지라고 표현하였는

데 94번이나 된다. 본래 아승지는 인도의 숫자의 단위 중 하나이지만 여기서는 무량, 무수, 무변, 불가사의 등으로 대단히 많다는 뜻이다.

아 승 지 보 화　　주 변 청 정　　아 승 지 중 보 소 성
阿僧祇寶華가 周徧淸淨하며 阿僧祇衆寶所成

난 순 헌 함　　청 정 장 엄　　아 승 지 보 령　　상 연 제
欄楯軒檻이 淸淨莊嚴하며 阿僧祇寶鈴이 常演諸

불 미 묘 음 성　　주 류 법 계
佛微妙音聲하야 周流法界하며

"아승지 보배 꽃이 두루 청정하고, 아승지 보배로 이루어진 난간에는 청정하게 장엄하였고, 아승지 보배 풍경에서는 항상 모든 부처님의 미묘한 음성을 연설하여 법계에 두루 흘러 퍼지느니라."

법을 보시하여 회향하는 것을 인생의 최고 가치로 삼고 살아가는 보살이 누리는 세계는 언제나 이와 같으리라. 94번이나 설하는 아승지 장엄이 모두 같은 뜻이다.

아승지보련화　종종보색　개부영요　　아
阿僧祇寶蓮華에 種種寶色이 開敷榮曜하며 阿

승지보수　주잡항렬　　무량묘보　이위화과
僧祇寶樹가 周帀行列하야 無量妙寶로 以爲華果

　아승지보궁전　무량보살　지주기중
하며 阿僧祇寶宮殿에 無量菩薩이 止住其中하며

"아승지 보배 연꽃은 가지각색 보배 빛으로 찬란하
게 피었고, 아승지 보배 나무는 사방으로 줄지어 섰는
데 한량없는 아름다운 보배로 꽃과 열매가 되었고, 아
승지 보배 궁전에는 한량없는 보살이 그 안에 머물고
있었느니라."

　아승지보누각　광박숭려　　연무원근
阿僧祇寶樓閣이 廣博崇麗하야 延衰遠近하며

아승지보각적　대보소성　장엄묘호　　아승
阿僧祇寶却敵이 大寶所成으로 莊嚴妙好하며 阿僧

지보문달　묘보영락　주잡수포
祇寶門闥에 妙寶瓔珞이 周帀垂布하며

"아승지 보배 누각은 넓고 화려하여 길이가 멀기도

가깝기도 하고, 아승지 보배 망루는 큰 보배로 되었는
데 장엄이 매우 아름답고, 아승지 보배 문과 창문에는
묘한 보배 영락이 두루 드리웠느니라."

아 승 지 보 창 유   부 사 의 보   청 정 장 엄   아
阿僧祇寶牕牖가 不思議寶로 淸淨莊嚴하며 阿

승 지 보 다 라   형 여 반 월   중 보 집 성
僧祇寶多羅가 形如半月하야 衆寶集成이라

"아승지 보배 들창에는 부사의한 보배로 청정하게
장엄하고, 아승지 보배 다라나무는 모양이 반달과 같은
여러 가지 보배를 모아 이루었느니라."

여 시 일 체   실 이 중 보   이 위 엄 식   이 구 청
如是一切가 悉以衆寶로 而爲嚴飾하야 離垢淸

정   불 가 사 의   무 비 여 래 선 근 소 기   구 족 무
淨하야 不可思議니 無非如來善根所起라 具足無

수 보 장 장 엄
數寶藏莊嚴하니라

"이와 같은 모든 것은 다 여러 가지 보배로 장엄하게 꾸미었으며 때가 없고 청정하여 생각으로 헤아릴 수 없으니 모두 여래의 선근으로 생긴 것이라 무수한 보배의 장엄을 구족하였느니라."

이와 같은 등의 내보로써 장엄하여 꾸몄다. 모든 장엄이 불가사의하다. 모두 여래의 선근으로 생긴 것이다. 이 모든 장엄을 일으킨 여래의 선근이란 사람 사람이 본래로 갖추고 있는 진여자성이다. 진여자성에는 무량 아승지 보배 장엄이 경문에서 설한 것과 같이 다 갖춰져 있다. 경문은 다만 사람들에게 이미 갖춰져 있는 것을 설명할 뿐이다. 법을 보시하여 회향하는 보살은 자신의 내면에 구족하고 있는 온갖 장엄을 이렇게 밖으로 드러내고 스스로 누린다.

〈3〉 외보外寶의 장엄

부유 아 승 지 보 하　　유 출 일 체 청 정 선 법　　아
復有阿僧祇寶河가 流出一切淸淨善法하며 阿

승지보해　법수영만　아승지보분타리화
僧祇寶海에 **法水盈滿**하며 **阿僧祇寶芬陀利華**가

상출묘법분타리성
常出妙法芬陀利聲하며

"다시 또 아승지 보배 하천에서는 일체 청정한 선한 법이 흘러나오고, 아승지 보배 바다에는 불법佛法의 물이 가득하고, 아승지 분타리 꽃에서는 미묘한 법의 분타리 소리가 항상 나오고 있었느니라."

외보 장엄은 하천과 바다와 꽃과 소리와 산과 팔모 보배 등으로 장엄하였음을 밝혔다. 외보의 장엄 역시 사람 사람이 본래로 갖추고 있는 것인데 법을 보시하여 회향하는 보살은 그것을 밖으로 드러내고 스스로도 누린다. 분타리 꽃은 흰색 연꽃이다.

아승지보수미산　지혜산왕　수출청정　아
阿僧祇寶須彌山에 **智慧山王**이 **秀出淸淨**하며 **阿**

승지팔능묘보　보선관천　　엄정무비　　아승
僧祇八楞妙寶를 寶線貫穿하야 嚴淨無比하며 阿僧

지정광보　상방무애대지광명　　보조법계
祇淨光寶가 常放無礙大智光明하야 普照法界하며

"아승지 보배 수미산에서는 지혜의 산이 청정하게
빼어났고, 아승지 팔모로 된 묘한 보배는 보배 실로 꿰
어서 깨끗하기 그지없고, 아승지 청정한 광명 보배에서
는 장애 없는 큰 지혜의 광명을 항상 놓아서 법계에 널
리 두루 비치느니라."

아승지보영탁　갱상구격　　출묘음성　　아
阿僧祇寶鈴鐸이 更相扣擊하야 出妙音聲하며 阿

승지청정보　제보살보　구족충만　　아승지
僧祇淸淨寶에 諸菩薩寶가 具足充滿하며 阿僧祇

보증채　처처수하　　색상광결
寶繒綵가 處處垂下하야 色相光潔하며

"아승지 보배 방울은 서로 부딪쳐 아름다운 소리를
내고, 아승지 청정한 보배에는 모든 보살 보배가 구족
하게 충만하고, 아승지 보배 비단은 곳곳에 드리워 빛

깔이 찬란하니라."

아승지묘보당 이보반월 이위엄식   아승
阿僧祇妙寶幢이 以寶半月로 而爲嚴飾하며 阿僧

지보번 실능보우무량보번   아승지보대 수
祇寶幡이 悉能普雨無量寶幡하며 阿僧祇寶帶가 垂

포공중   장엄수묘
布空中하야 莊嚴殊妙하며

"아승지 보배 깃대는 보배 반달로 장엄하고, 아승지
보배 번幡에서는 무량한 보배 번幡이 널리 두루 내리고,
아승지 보배 띠는 공중에 드리워져 장엄이 뛰어나게 아
름다웠느니라."

아승지보부구 능생종종미세락 촉   아승
阿僧祇寶敷具가 能生種種微細樂觸하며 阿僧

지묘보선 시현보살일체지안   아승지보영
祇妙寶旋이 示現菩薩一切智眼하며 阿僧祇寶瓔

락　일일 영락　백천 보살　상묘장엄
珞이 一一瓔珞에 百千菩薩이 上妙莊嚴하며

　"아승지 보배 방석은 갖가지 부드럽고 즐거운 촉감
을 내고, 아승지 미묘한 보배로 된 소용돌이[旋]에서는
보살의 일체 지혜의 눈을 나타내고, 아승지 보배 영락瓔
珞은 낱낱 영락이 백천 보살의 훌륭한 장엄이니라."

　아승지보궁전　초과일체　묘절무비　아
阿僧祇寶宮殿이 超過一切하야 妙絶無比하며 阿

승지보장엄구　금강마니　이위엄식　아승
僧祇寶莊嚴具가 金剛摩尼로 以爲嚴節하며 阿僧

지종종묘보장엄구　상현일체청정묘색
祇種種妙寶莊嚴具가 常現一切淸淨妙色하며

　"아승지 보배 궁전은 모든 것을 뛰어넘어 그 아름다
움이 비교할 데 없으며, 아승지 보배 장엄거리는 금강
마니로 훌륭하게 꾸미었고, 아승지 갖가지 미묘한 보배
장엄거리에서는 일체가 청정하고 아름다운 빛을 항상
나타내느니라."

아 승 지 청 정 보　　수 형 이 채　　광 감 영 철　　　아
阿僧祇淸淨寶에 殊形異彩가 光鑒暎徹하며 阿

승 지 보 산　　이 위 원 장　　주 잡 위 요　　　청 정 무
僧祇寶山이 以爲垣牆하야 周帀圍繞하야 淸淨無

애　　　아 승 지 보 향　　기 향　　보 훈 일 체 세 계　　　아
礙하며 阿僧祇寶香에 其香이 普熏一切世界하며 阿

승 지 보 화 사　　일 일 화 사　　주 변 법 계　　　아 승 지
僧祇寶化事에 一一化事가 周徧法界하며 阿僧祇

보 광 명　　일 일 광 명　　현 일 체 광
寶光明에 一一光明이 現一切光하나라

　　"아승지 깨끗한 보배는 특별한 형상과 기이한 광채
가 비치어 사무치고, 아승지 보배 산으로 담장이 되어
두루 둘리었으니 청정하여 걸림이 없고, 아승지 보배
향에서는 그 향기가 일체 세계에 널리 풍기고, 아승지
보배의 변화하는 일에는 낱낱 변화하는 것이 법계에 두
루 하고, 아승지 보배 광명은 낱낱 광명이 모든 빛을 나
타내느니라."

　　하나하나의 장엄이 무량하고 무수하며 아승지로 불가
사의하다. 모두가 사람 사람의 진여자성에 이미 갖추어져

있는 것을 법을 보시하여 회향하는 인연으로 이와 같이 드러나고 이와 같이 누리게 됨을 밝혔다. 안의 장엄이나 밖의 장엄이나 일체가 자신의 마음의 영역 안에 확보한 것을 보고 듣고 느끼고 누리기 때문이다.

〈4〉 사事에 나아가서 법을 이룸

부유아승지보광명　　　　청정지광　　조료제법
復有阿僧祇寶光明하야 淸淨智光이 照了諸法

　　부유아승지무애보광명　　　일일광명　　주변
하며 復有阿僧祇無礙寶光明하야 一一光明이 周徧

법계　　　유아승지보처　　　일체제보　　개실구족
法界하며 有阿僧祇寶處하야 一切諸寶가 皆悉具足
하며

"또한 아승지 보배 광명에서는 청정한 지혜의 광명이 모든 법을 비추고, 또 아승지 걸림없는 보배 광명은 낱낱 광명이 법계에 두루 하고, 아승지 보배 처소에서는 일체 모든 보배가 모두 구족하니라."

보살이 법을 보시하여 회향하고 누리는 세계는 모두가 아승지 보배 광명이며, 아승지 걸림없는 보배 광명은 낱낱 광명이 법계에 두루 하고, 아승지 보배 처소에서는 일체 모든 보배가 모두 구족하다.

아승지보장   개시일체정법장보   아승지
阿僧祇寶藏이 開示一切正法藏寶하며 阿僧祇

보당   여래당상   형연고출   아승지보현   대
寶幢에 如來幢相이 逈然高出하며 阿僧祇寶賢에 大

지현상   구족청정
智賢像이 具足淸淨하며

"아승지 보배 창고에서는 모든 정법의 창고 보배를 열어 보이고, 아승지 보배 깃대에는 여래의 깃대 모양이 우뚝 솟았고, 아승지 보배 현인賢人에게는 큰 지혜 있는 현인의 형상이 구족하게 청정하니라."

심지어 아승지 보배 현인에게는 큰 지혜 있는 현인의 형상이 구족하게 청정하다. 이 모두가 법의 위신력이다.

아 승 지 보 원   생 제 보 살 삼 매 쾌 락   아 승 지
阿僧祇寶園이 生諸菩薩三昧快樂하며 阿僧祇

보 음   여 래 묘 음   보 시 세 간   아 승 지 보 형   기
寶音에 如來妙音이 普示世間하며 阿僧祇寶形에 其

일 일 형   개 방 무 량 묘 법 광 명
一一形이 皆放無量妙法光明하며

"아승지 보배 동산에서는 모든 보살의 삼매의 쾌락
을 내고, 아승지 보배 음성은 여래의 미묘한 음성을 세
간에 두루 나타내고, 아승지 보배 형상은 낱낱 형상에
서 한량없는 묘한 법의 광명을 놓느니라."

무량 아승지 보배 동산에서는 모든 보살의 삼매의 쾌락
을 내고, 아승지 보배 음성은 여래의 미묘한 음성을 세간에
두루 나타낸다. 또 아승지 보배 형상은 낱낱 형상에서 한량
없는 묘한 법의 광명을 놓는다. 영적 수준이 얼마나 높으면
이와 같은 세계를 누리는가. 아무리 넘쳐나는 표현들이지만
한 구절 한 구절 음미하면 환희심이 샘솟는다.

아승지보상   기일일상   실초중상   아승
阿僧祇寶相에 其一一相이 悉超衆相하며 阿僧

지보위의   견자개생보살희락   아승지보취
祇寶威儀에 見者皆生菩薩喜樂하며 阿僧祇寶聚에

견 자 개 생 지 혜 보 취
見者皆生智慧寶聚하며

"아승지 보배 모양은 낱낱 모양이 여러 모양을 다 초
월하고, 아승지 보배 위의威儀는 보는 이마다 보살의 즐
거움을 내고, 아승지 보배 무더기는 보는 이마다 지혜
의 보배 무더기를 내느니라."

아승지 보배 위의는 그것을 보는 이마다 보살의 즐거움
을 내고, 아승지 보배 무더기는 보는 이마다 지혜의 보배 무
더기를 낸다. 보배 위의는 마승馬勝비구가 사리불과 목건련
을 교화시킨 사연이 있다. 빼어난 행동거지와 말을 보배 위
의라고 한다.

아승지보안주   견자개생선주보심   아승
阿僧祇寶安住에 見者皆生善住寶心하며 阿僧

지 보 의 복　　기 유 착 자　　생 제 보 살 무 비 삼 매
祇寶衣服에 其有着者가 生諸菩薩無比三昧하며

아 승 지 보 가 사　　기 유 착 자　　재 시 발 심　　즉 득 선
阿僧祇寶袈裟에 其有着者가 纔始發心에 則得善

견 다 라 니 문
見陀羅尼門하니라

"아승지 보배의 편안히 머무름은 보는 이마다 잘 머
무는 보배 마음을 내고, 아승지 보배 의복은 그것을 입
는 이마다 모든 보살의 비할 데 없는 삼매를 내고, 아승
지 보배 가사는 그것을 입는 이가 처음 발심發心하면 선
견善見 다라니를 얻느니라."

좋은 환경을 보면 누구나 그곳에 안주하고 싶은 마음이
난다. '보배의 편안히 머무름은 보는 이마다 잘 머무는 보배
마음을 내는 것'이 바로 그것이다. 보배 의복은 그것을 입는
이마다 모든 보살의 비할 데 없는 삼매를 낸다고 하였다. 가
사와 장삼을 입으면 누구나 행동거지가 수행자가 되고, 한
복을 곱게 차려입으면 함부로 행동하지 않게 되는 것이 그와
같은 이치이다. 그래서 "보배 가사는 그것을 입는 이가 처음

발심發心하면 선견善見 다라니를 얻는다."고 하였다. 법을 보
시하여 회향하는 보살은 늘 이와 같은 세계에서 그 삶을 누
린다.

〈5〉 법의 존귀尊貴함

　아 승 지 보 수 습　　　기 유 견 자　　　지 일 체 보　　　개 시
　阿僧祇寶修習에　其有見者가　知一切寶가　皆是

업 과　　　결 정 청 정　　　아 승 지 보 무 애 지 견　　　기 유
業果로　決定淸淨하며　阿僧祇寶無礙知見에　其有

견 자　　　득 료 일 체 청 정 법 안　　　아 승 지 보 광 장
見者가　得了一切淸淨法眼하며　阿僧祇寶光藏에

기 유 견 자　　　즉 득 성 취 대 지 혜 장
其有見者가　則得成就大智慧藏하니라

　"아승지 보배 닦음이 있으니 보는 이는 일체 보배가
모두 업의 과보인 줄 알아 확실하고[決定] 청정하며, 아
승지 보배 걸림이 없는 지견知見이 있으니 보는 이는 일
체를 분명히 아는 청정한 법의 눈을 얻고, 아승지 보배
광명장光明藏이 있으니 보는 이는 큰 지혜의 곳집[藏]을
성취하느니라."

또 아승지 보배 걸림이 없는 지견知見이 있으니 보는 이는 일체를 분명히 아는 청정한 법의 눈을 얻는다고 하였다. 이 것을 법의 존귀함이라고 한 것이다.

〈6〉 사상事相의 보배가 법문을 이룸

아 승 지 보 좌　　불 좌 기 상　　　대 사 자 후　　아 승
阿僧祇寶座에 佛坐其上하야 大獅子吼하며 阿僧

지 보 등　　　상 방 청 정 지 혜 광 명
祇寶燈이 常放淸淨智慧光明하며

"아승지 보배 자리에는 부처님이 그 위에 앉으시어 크게 사자후하시고, 아승지 보배 등불은 청정한 지혜의 광명을 항상 놓느니라."

또 보배로 된 사자좌 위에 부처님이 앉으셔서 큰 사자후를 하시고, 아승지 보배 등불은 청정한 지혜의 광명을 항상 놓는다. 이것은 사자좌와 등불이 그대로 법이며 지혜임을 밝힌 것이다.

아승지보다라수　차제항렬　　요이보승
阿僧祇寶多羅樹가 次第行列호대 繚以寶繩하야

장엄청정　　기수　부유아승지보간　종신용
莊嚴淸淨이어든 其樹에 復有阿僧祇寶幹이 從身聳

탁　　단직원결
擢하야 端直圓潔하며

"아승지 보배 다라多羅나무는 차례로 줄을 지었는데
보배 노끈으로 얽어서 장엄이 청정하고, 그 나무에 다
시 아승지 보배 줄기가 있어 밑동에서 솟아올라 곧고
둥글고 정결하니라."

아승지보지　　종종중보　　장엄조밀　　부사
阿僧祇寶枝가 種種衆寶로 莊嚴稠密하고 不思

의조　　상집기중　　상토묘음　　선양정법
議鳥가 翔集其中하야 常吐妙音하야 宣揚正法하며

아승지보엽　　방대지광　　변일체처
阿僧祇寶葉이 放大智光하야 徧一切處하며

"아승지 보배 가지는 가지각색의 보배로 조밀하게
장엄하였는데, 부사의한 새들이 모여 와서 아름다운 소

리로 바른 법을 선양하고, 아승지 보배 잎에서는 큰 지혜의 광명을 놓아 모든 곳에 가득하니라."

아승지 보배 다라나무가 줄을 지어 서 있는데 여러 가지 장엄한 내용들을 밝혔다. 나무에 이리저리 걸쳐져 있는 보배 노끈과 나무 줄기의 모습과 가지와 새들과 새들이 지저귀는 소리와 나뭇잎에서 큰 지혜의 광명을 놓고 있는 광경들이다. 법을 보시하여 회향하는 보살들의 마음과 눈에 보이는 모습과 귀에 들리는 소리를 밝혔다. 얼마나 아름답고 풍성하고 화려한가.

다라나무는 앞에서도 자주 등장하였는데 사전적 설명으로 더욱 분명히 하고자 한다. "야자나무과에 속한 상록교목으로 높이가 30미터 정도이며, 가지는 없고 잎은 지름이 3미터 정도로 60~80개의 작은 잎으로 되어 있다. 암수 딴그루이며 이가화二家花인 꽃은 육수肉穗 꽃차례로 달린다. 목재는 건축재로, 수액樹液은 설탕의 원료로, 잎은 부채, 모자, 우산 따위의 재료로 쓰인다. 인도, 말레이시아, 미얀마 등지에 분포한다."

아승지보화   일일화상   무량보살   결가부
阿僧祇寶華가 一一華上에 無量菩薩이 結跏趺

좌   변유법계   아승지보과   견자당득일
坐하야 徧遊法界하며 阿僧祇寶果에 見者當得一

체 지 지   불 퇴 전 과
切智智의 不退轉果하며

"아승지 보배 꽃에는 꽃송이마다 한량없는 보살이
그 위에서 결가부좌하고 법계에 두루 다니고, 아승지
보배 열매는 보는 이마다 일체 지혜의 지혜에서 퇴전하
지 않는 과보를 얻느니라."

다라나무의 이야기가 계속된다. 나무에는 꽃이 만발하
였고 그 꽃마다 한량없는 보살들이 결가부좌하고 앉아 있
다. 앉은 채로 법계에 두루 노닐면서 법을 보시한다. 그리고
그 나무에는 열매가 열려서 열매를 보는 이마다 일체 지혜의
지혜에서 퇴전하지 않는 과보를 얻는다.

아승지보취락　　건자사리세취락법　　아승
阿僧祇寶聚落에 見者捨離世聚落法하며 阿僧

지보도읍　　무애중생　　어중영만　　아승지보
祇寶都邑에 無礙衆生이 於中盈滿하며 阿僧祇寶

궁전　　왕처기중　　구족보살나라연신　　용맹
宮殿에 王處其中호대 具足菩薩那羅延身하야 勇猛

견고　　피법갑주　　심무퇴전
堅固하고 被法甲冑하야 心無退轉하며

"아승지 보배 취락聚落에는 보는 이마다 세속의 취락
聚落의 법을 버릴 것이요, 아승지 보배 도시에는 걸림 없
는 중생이 가득하고, 아승지 보배 궁궐에는 임금이 있으
면서 보살의 금강과 같은 몸을 갖추어 용맹하고 견고하
며 법의 갑주甲冑를 입고 마음이 퇴전하지 않느니라."

아승지보사　　입자능제연사택심　　아승지
阿僧祇寶舍에 入者能除戀舍宅心하며 阿僧祇

보의　　착자능령해료무착　　아승지보궁전
寶衣에 着者能令解了無着하며 阿僧祇寶宮殿에

출 가 보 살　충 만 기 중
出家菩薩이 **充滿其中**하며

　"아승지 보배 집은 그곳에 들어가는 이가 집을 그리
워하는 마음이 없어지고, 아승지 보배 옷은 그 옷을 입
는 이에게 능히 집착이 없음을 알게 하고, 아승지 보배
궁전에는 출가한 보살이 그 속에 가득하니라."

아 승 지 보 진 완　　견 자 함 생 무 량 환 희　　아 승
阿僧祇寶珍玩에 **見者咸生無量歡喜**하며 **阿僧**

지 보 륜　방 부 사 의 지 혜 광 명　　전 불 퇴 륜　　아
祇寶輪이 **放不思議智慧光明**하야 **轉不退輪**하며 **阿**

승 지 보 발 타 수　인 다 라 망　장 엄 청 정
僧祇寶跋陀樹에 **因陀羅網**이 **莊嚴淸淨**하며

　"아승지 보배 장난감은 보는 이마다 한량없이 환희
한 마음을 내고, 아승지 보배 바퀴는 부사의한 지혜 광
명을 놓아 물러가지 않는 법륜法輪을 굴리고, 아승지 보
배 발타跋陀나무는 인드라 그물로 청정하게 장엄하니라."

아승지보지　　부사의보　　간착장엄　　아승
阿僧祇寶地에 不思議寶가 間錯莊嚴하며 阿僧

지보취　기음청량　　충만법계　　아승지보고
祇寶吹에 其音清亮하야 充滿法界하며 阿僧祇寶鼓에

묘음극해　　궁겁부절
妙音克諧하야 窮劫不絕하니라

"아승지 보배 땅은 부사의한 보배로 사이사이 장엄
하고, 아승지 보배 피리는 음향이 맑고 아름다워 법계
에 충만하고, 아승지 보배 북은 아름다운 소리가 잘 어
울려 겁劫이 다하도록 끊어지지 않느니라."

아승지와 같이 많고 많은 취락과 도시와 궁궐과 집과 옷
과 장난감 등등이 모두 법을 표현하는 것으로 귀결된다. 또
아승지 보배 피리는 음향이 맑고 아름다워 법계에 충만하
고, 아승지 보배 북은 아름다운 소리가 잘 어울려 겁이 다하
도록 끊어지지 않는다.

〈7〉 육근六根과 삼업三業의 보배

아 승 지 보 중 생　　진 능 섭 지 무 상 법 보　　아 승
阿僧祇寶衆生이 盡能攝持無上法寶하며 阿僧

지 보 신　　구 족 무 량 공 덕 묘 보　　아 승 지 보 구
祇寶身이 具足無量功德妙寶하며 阿僧祇寶口가

상 연 일 체 묘 법 보 음　　아 승 지 보 심　　구 청 정 의
常演一切妙法寶音하며 阿僧祇寶心이 具淸淨意

대 지 원 보
大智願寶하며

　　"아승지 보배 중생은 모두 위없는 법보法寶를 포섭하
여 가지고, 아승지 보배 몸은 한량없는 공덕의 묘한 보
배를 구족하고, 아승지 보배 입은 일체 묘한 법의 보배
음성을 항상 연설하고, 아승지 보배 마음은 청정한 뜻
과 큰 지혜와 서원誓願의 보배를 갖추었느니라."

　　중생의 육근과 삼업 등이 모두 보배로 표현된다. 법을 보
시하여 회향하는 보살의 안목에는 이와 같이 보배 중생이며,
보배 몸이며, 보배 입이며, 보배 마음이다. 모두가 보배라면
그 작용들은 어떻겠는가. 가장 높은 법이며, 무량한 공덕의
미묘한 보배며, 미묘한 법의 보배 소리들이다.

아 승 지 보 념　　　단 제 우 혹　　　구 경 견 고 일 체 지
阿僧祇寶念이 **斷諸愚惑**하야 **究竟堅固一切智**

보　　　　아 승 지 보 명　　　송 지 일 체 제 불 법 보　　　아 승
寶하며 **阿僧祇寶明**이 **誦持一切諸佛法寶**하며 **阿僧**

지 보 혜　　　결 료 일 체 제 불 법 장　　　아 승 지 보 지
祇寶慧가 **決了一切諸佛法藏**하며 **阿僧祇寶智**가

득 대 원 만 일 체 지 보
得大圓滿一切智寶하며

"아승지 보배 생각은 모든 어리석음을 끊어 구경에 일
체 지혜의 보배를 견고히 하고, 아승지 보배 총명은 일체
부처님의 법보를 다 외우고, 아승지 보배 지혜[慧]는 일체
부처님의 법장法藏을 분명히 알고, 아승지 보배 지혜[智]
는 크게 원만한 일체 지혜의 보배를 얻느니라."

몸과 입과 뜻도 보배로 표현되거늘 생각과 총명과 지혜
야 설명해서 무엇하겠는가.

아 승 지 보 안　　　감 십 력 보　　　무 소 장 애　　　아 승
阿僧祇寶眼이 **鑒十力寶**하야 **無所障礙**하며 **阿僧**

지보이　청문무량진법계성　청정무애　아
祇寶耳가 聽聞無量盡法界聲하야 淸淨無礙하며 阿

승지보비　상훈수순청정보향　아승지보설
僧祇寶鼻가 常薰隨順淸淨寶香하며 阿僧祇寶舌이

능설무량제어언법　아승지보신　변유시방
能說無量諸語言法하며 阿僧祇寶身이 徧遊十方

　이무가애　아승지보의　상근수습보현
호대 而無罣礙하며 阿僧祇寶意가 常勤修習普賢

행 원
行願하며

"아승지 보배 눈은 십력十力의 보배를 보아 장애가 없
고, 아승지 보배 귀는 한량없는 온 법계의 소리를 들어
청정하여 걸림이 없고, 아승지 보배 코는 뜻을 따르는
청정한 보배 향을 맡고, 아승지 보배 혀는 한량없이 말
하는 법을 능히 말하고, 아승지 보배 몸은 시방에 두루
다녀도 걸림이 없고, 아승지 보배 뜻은 보현의 행行과 원
願을 항상 닦느니라."

육근이 모두 보배임을 밝혔다. 육근이 보배일 때 보고 듣
고 향기를 맡는 등은 어떤 현상으로 나타날까. 법을 보시하

여 회향하는 보살의 육근은 이와 같다.

아승지보음　정묘음성　변시방계　　아승
阿僧祇寶音에 淨妙音聲이 徧十方界하며 阿僧

지보신업　일체소작　이지위수　　아승지보
祇寶身業에 一切所作이 以智爲首하며 阿僧祇寶

어업　상설수행무애지보　　아승지보의업
語業이 常說修行無礙智寶하며 阿僧祇寶意業이

득무장애광대지보　구경원만
得無障礙廣大智寶하야 究竟圓滿이니라

　"아승지 보배로운 음성은 청정하고 묘한 음성이 시
방세계에 두루 하고, 아승지 보배로운 몸의 업은 일체
짓는 바가 지혜로써 으뜸을 삼으며, 아승지 보배로운
말의 업은 수행하는 데 걸림이 없는 지혜 보배를 항상
말하고, 아승지 보배로운 뜻의 업은 장애가 없이 광대
한 지혜의 보배를 얻어 구경까지 원만하니라."

　보배로운 몸의 업과 보배로운 말의 업과 보배로운 뜻의
업이 또 어떤 보배로운 작용을 하는가를 밝혔다.

〈8〉 사람 보배로써 장엄함

불자 보살마하살 어 피일체제불찰중 어
佛子야 **菩薩摩訶薩**이 **於彼一切諸佛刹中**에 **於**

일불찰일방일처일모단량 유무량무변불가
一佛刹一方一處一毛端量에 **有無量無邊不可**

설수제대보살 개실성취청정지혜 충만이
說數諸大菩薩이 **皆悉成就清淨智慧**하야 **充滿而**

주 여일불찰일방일처일모단량 여시진
住어든 **如一佛刹一方一處一毛端量**하야 **如是盡**

허공변법계일일불찰일일방일일처일일모단
虛空徧法界一一佛刹一一方一一處一一毛端

량 실역여시
量에도 **悉亦如是**하니라

"불자들이여, 보살마하살은 저 일체 모든 부처님의
세계 가운데서 한 세계, 한 지방, 한 처소, 한 털끝만 한
곳에 한량없고 그지없고 말할 수 없는 큰 보살이 있어 모
두 청정한 지혜를 성취하고 가득하게 머무느니라. 한 세
계, 한 지방, 한 처소, 한 털끝만 한 곳과 같이 이와 같
이 온 허공과 온 법계의 낱낱 세계, 낱낱 지방, 낱낱 처
소, 낱낱 털끝만 한 곳에서도 모두 또한 이와 같으니라."

사람 보배로써 장엄함에 대하여 청량스님은 소疏에서 이와 같이 설명하였다. "사람 보배 장엄을 특별히 밝힌 것은 법화경에 이르대, '저 국토를 무슨 까닭으로 이름을 대보장엄大寶莊嚴이라 하는가. 그 나라 가운데는 보살로써 큰 보배를 삼는 까닭이다.'라고 하였다. 그러므로 위나라와 초나라에서는 또 금과 옥으로써 보배를 삼지 않고 어진 신하로써 보배를 삼았다. 온 법계의 작은 먼지와 같이 많은 곳에 보살이 많으니 가위 큰 마음으로 세계를 장엄한 것이다." [1]

법을 보시하여 회향하는 것으로써 최고의 가치를 삼는 보살은 사람을 그대로 더없이 소중한 보배로 여긴다. 또는 그와 같은 안목에 이르지 못했더라도 세상의 모든 사람들이 차별 없는 참사람임을 깨달아 참사람이 본래로 지닌 육바라밀과 십바라밀과 십선과 사섭법과 사무량심과 인의예지를 널리 펼치는 그와 같은 보살이 세상에 가득하기를 서원한다. 아무튼 여러 가지 보살행을 실천하든 그렇지 않든 사람을 제외하고 다시 무슨 보배가 있겠는가.

---

1) (疏)別明人寶嚴 : 法華云 '彼國何故名曰大寶莊嚴. 其國中以菩薩為大寶故'. 所以楚魏之朝, 亦不以金玉為珍, 而以賢臣為寶. 遍法界微塵之處, 有多菩薩, 可謂大心嚴刹也.

4〉 모두 맺다

시 위 보 살 마 하 살　이 제 선 근　　이 위 회 향
是爲菩薩摩訶薩이 **以諸善根**으로 **而爲廻向**하야

보 원 일 체 제 불 국 토　실 구 종 종 묘 보 장 엄
普願一切諸佛國土에 **悉具種種妙寶莊嚴**이니라

"이것이 보살마하살이 모든 선근善根으로 회향하면서 일체 모든 부처님의 국토가 다 갖가지 묘한 보배의 장엄을 구족하기를 널리 원하는 것이니라."

보살이 법을 보시하여 회향하는 것과 아울러 일체 모든 선근을 닦아서 회향하는 것을 밝혔다. 일체 모든 부처님의 국토가 다 가지가지 묘한 보배의 장엄을 구족하기를 널리 원하는 것이다. 특히 육근과 삼업의 보배와 나아가서 일체 중생 보배로 온 세상을 장엄하기를 원하는 것이다. 불교는 오직 이 회향이라는 것 한 가지임을 분명히 확인하고 확신하게 하는 가르침이다. 부처님은 시방과 삼세 모든 중생에게 이 회향이라는 한마디를 가르치려고 출현하신 것임을 알게 한다.

5〉 다른 여러 가지 장엄

여 보 장 엄 여 시 광 설　　여 시 향 장 엄　화 장 엄
如寶莊嚴如是廣說하야 **如是香莊嚴**과 **華莊嚴**과

만 장 엄　　도 향 장 엄　　소 향 장 엄　　말 향 장 엄　　의
鬘莊嚴과 **塗香莊嚴**과 **燒香莊嚴**과 **末香莊嚴**과 **衣**

장 엄　개 장 엄　　당 장 엄　　번 장 엄　　마 니 보 장 엄
莊嚴과 **蓋莊嚴**과 **幢莊嚴**과 **幡莊嚴**과 **摩尼寶莊嚴**도

차 제 내 지 과 차 백 배　　개 여 보 장 엄 여 시 광 설
次第乃至過此百倍하야 **皆如寶莊嚴如是廣說**하니라

"보배의 장엄을 이와 같이 광대하게 말한 것처럼, 이
와 같이 향香의 장엄, 꽃의 장엄, 화만華鬘의 장엄, 바르
는 향의 장엄, 사르는 향의 장엄, 가루향의 장엄, 옷의
장엄, 일산日傘의 장엄, 깃대의 장엄, 깃발의 장엄, 마니
보배의 장엄도 차례로 이보다 백 배가 넘게 지나가며,
보배의 장엄과 같이 이와 같이 광대하게 설하느니라."

보배의 장엄을 이와 같이 광대하게 말한 것처럼 향 장엄,
꽃 장엄, 화만 장엄, 바르는 향 장엄, 사르는 향 장엄 등을
다시 밝혔다.

(16) 회향하는 까닭을 널리 밝히다

1〉 중생을 위한 회향

불자 보살마하살 이법시등소집선근
佛子야 **菩薩摩訶薩**이 **以法施等所集善根**으로

위 장 양 일 체 선 근 고　회 향　위 엄 정 일 체 불 찰
爲長養一切善根故로 **廻向**하며 **爲嚴淨一切佛刹**

고　회 향　위 성 취 일 체 중 생 고　회 향
故로 **廻向**하며 **爲成就一切衆生故**로 **廻向**하며

"불자들이여, 보살마하살이 법을 보시하는 등으로 모은 선근으로써 일체 선근을 기르기 위하여 회향하며, 일체 세계를 장엄하기 위하여 회향하며, 일체 중생을 성취시키기 위하여 회향하느니라."

　보살마하살이 법을 보시하는 등으로 모은 선근으로써 널리 회향하는 까닭을 밝혔다. 먼저 중생을 위한 회향과 다음은 보리菩提를 위한 회향과 다음은 실제實際를 위한 회향이다. 중생을 위한 회향의 전체로서 일체 세계를 장엄하기 위하여 회향하며, 일체 중생을 성취시키기 위하여 회향한다고 하였다.

위 령 일 체 중 생   개 심 정 부 동 고   회 향   위
爲令一切衆生으로 皆心淨不動故로 廻向하며 爲

령 일 체 중 생   개 입 심 심 불 법 고   회 향   위 령
令一切衆生으로 皆入甚深佛法故로 廻向하며 爲令

일 체 중 생   개 득 무 능 과 청 정 공 덕 고   회 향
一切衆生으로 皆得無能過清淨功德故로 廻向하며

"일체 중생으로 하여금 마음이 깨끗하여 동요하지 않게 하려고 회향하며, 일체 중생으로 하여금 매우 깊은 불법佛法에 들어가게 하려고 회향하며, 일체 중생으로 하여금 지나갈 이 없는 청정한 공덕을 얻게 하려고 회향하느니라."

다음은 일체 중생으로 하여금 마음이 깨끗하여 동요하지 않게 하려고 회향하며, 매우 깊은 불법佛法에 들어가게 하려고 회향하며, 지나갈 이 없는 청정한 공덕을 얻게 하려고 회향함을 널리 밝혔다.

위 령 일 체 중 생   개 득 불 가 괴 청 정 복 력 고
爲令一切衆生으로 皆得不可壞清淨福力故로

회향　　위령일체중생　　개득무진지력　　도
廻向하며 爲令一切衆生으로 皆得無盡智力하야 度

제 중생　　영입불법고　회향
諸衆生하야 令入佛法故로 廻向하며

　"일체 중생으로 하여금 깨뜨릴 수 없는 청정한 복력
福力을 얻게 하려고 회향하며, 일체 중생으로 하여금 다
하지 않는 지혜의 힘을 얻어 모든 중생들을 제도하여
불법에 들어가게 하려고 회향하느니라."

　위령일체중생　　개득평등무량청정언음고
爲令一切衆生으로 皆得平等無量淸淨言音故로

회향　　위령일체중생　　개득평등무애안
廻向하며 爲令一切衆生으로 皆得平等無礙眼하야

성취진허공변법계등지혜고　회향
成就盡虛空徧法界等智慧故로 廻向하며

　"일체 중생으로 하여금 평등하고 한량없이 청정한
음성을 얻게 하려고 회향하며, 일체 중생으로 하여금
평등하고 걸림 없는 눈을 얻어 온 허공과 법계에 두루
하는 지혜를 성취케 하려고 회향하느니라."

위령일체중생   개득청정념   지전제겁
爲令一切衆生으로 皆得淸淨念하야 知前際劫

일체세계고   회향   위령일체중생   개득
一切世界故로 廻向하며 爲令一切衆生으로 皆得

무애대지혜   실능결료일체법장고   회향
無礙大智慧하야 悉能決了一切法藏故로 廻向하며

"일체 중생으로 하여금 청정한 생각을 얻어 지나간
겁劫의 일체 세계를 알게 하려고 회향하며, 일체 중생으
로 하여금 걸림이 없는 큰 지혜를 다 얻어 모두 일체 법
장法藏을 통달하게 하려고 회향하느니라."

위령일체중생   개득무한량대보리   주
爲令一切衆生으로 皆得無限量大菩提하야 周

변법계   무소장애고   회향   위령일체중
徧法界하야 無所障礙故로 廻向하며 爲令一切衆

생   개득평등무분별동체선근고   회향
生으로 皆得平等無分別同體善根故로 廻向하며

"일체 중생으로 하여금 제한 없는 큰 보리를 얻어 법
계에 두루 하되 장애가 없게 하려고 회향하며, 일체 중

생으로 하여금 평등하여 분별이 없는 자체와 같은 선근
을 얻게 하려고 회향하느니라."

위령일체중생 개득일체공덕 구족장
爲令一切衆生으로 皆得一切功德하야 具足莊

엄청정신어의업고 회향 위령일체중생
嚴淸淨身語意業故로 廻向하며 爲令一切衆生으로

개득동어보현행고 회향
皆得同於普賢行故로 廻向하며

"일체 중생으로 하여금 모든 공덕으로 구족하게 장
엄하여 청정한 몸과 말과 뜻의 업을 얻게 하려고 회향
하며, 일체 중생으로 하여금 보현普賢과 같은 행行을 얻
게 하려고 회향하느니라."

위령일체중생 개득입일체동체청정불찰
爲令一切衆生으로 皆得入一切同體淸淨佛刹

고 회향 위령일체중생 실관찰일체지
故로 廻向하며 爲令一切衆生으로 悉觀察一切智하야

개 취 입 원 만 고   회 향
皆趣入圓滿故로 **廻向**하며

　"일체 중생으로 하여금 모두 체성體性이 같은 청정한
부처님의 세계에 들어가게 하려고 회향하며, 일체 중생
으로 하여금 모두 온갖 지혜를 관찰하여 원만한 데 들
어가게 하려고 회향하느니라."

위 령 일 체 중 생　　개 득 원 리 불 평 등 선 근 고
爲令一切衆生으로 **皆得遠離不平等善根故**로

회 향　　위 령 일 체 중 생　　개 득 평 등 무 이 상 심
廻向하며 **爲令一切衆生**으로 **皆得平等無異相深**

심　　차 제 원 만 일 체 지 고　　회 향
心하야 **次第圓滿一切智故**로 **廻向**하며

　"일체 중생으로 하여금 모두 불평등한 선근을 멀리
여의게 하려고 회향하며, 일체 중생으로 하여금 평등하
여 다른 모양이 없는 깊은 마음을 얻고 차례로 온갖 지
혜를 원만케 하려고 회향하느니라."

위령일체중생　　개득안주일체백법고　　회
爲令一切衆生으로 **皆得安住一切白法故**로 **廻**

향　　위령일체중생　　개어일념중　중일체지
向하며 **爲令一切衆生**으로 **皆於一念中**에 **證一切智**

　　득구경고　　회향　　위령일체중생　　개득
하야 **得究竟故**로 **廻向**하며 **爲令一切衆生**으로 **皆得**

성만청정일체지도고　　회향
成滿淸淨一切智道故로 **廻向**이니라

"일체 중생으로 하여금 모든 선한 법에 편안히 머물게 하려고 회향하며, 일체 중생으로 하여금 모두 잠깐 동안에 일체 지혜를 증득하여 구경究竟함을 얻게 하려고 회향하며, 일체 중생으로 하여금 모두 청정한 일체 지혜의 길을 원만히 성취케 하려고 회향하느니라."

온갖 선근을 닦아 회향하는 까닭을 세 가지로 밝히면서 먼저 중생을 위한 회향을 밝혀 마쳤다. 끝으로 일체 중생으로 하여금 모두 청정한 일체 지혜의 길을 원만히 성취케 하려고 회향한다고 하였다.

2) 보리菩提를 위한 회향

불자 보살마하살 이제선근 보위일체
佛子야 **菩薩摩訶薩**이 **以諸善根**으로 **普爲一切**

중생 여시회향이 부이차선근 욕보원
衆生하야 **如是廻向已**하고 **復以此善根**으로 **欲普圓**

만 연설일체청정행법력고 회향
滿演說一切淸淨行法力故로 **廻向**하며

"불자들이여, 보살마하살이 모든 선근으로 널리 일체 중생을 위하여 이와 같이 회향하고 나서 다시 이 선근으로써 일체 청정한 행行을 연설하는 법력을 두루 원만케 하려고 회향하느니라."

보살이 온갖 선근으로 일체 중생을 위해서 회향하고 나서 다시 이 선근으로 일체 청정한 행을 연설하려고 회향한다고 하였다. 연설하려고 하는 그 청정한 행이란 무엇일까? 그것은 또 선근을 회향하는 행이다. 선근을 회향하는 것밖에는 달리 할 말이 없다. 부처님께서는 이 회향이라는 말 한마디를 전하려고 세상에 출현하신 것이다. 불교의 팔만사천 법문도 한마디로 요약하면 회향이다. 회향을 해서 무엇을 하려는가 하는 까닭을 밝히는데, 앞에서는 중생을 위한 회향을 밝혔고 여기서는 보리를 위한 회향을 널리 밝혔다. 중생을 위한 회향이나 보리를 위한 회향이나 실제를 위한 회향이나 모두 궁극에는 중생에게로 돌아간다. 보리도 중생이 얻고자 하는 것이고 실제도 중생이 깨닫고자 하는 것이기 때문이다.

欲^욕成^성就^취淸^청淨^정行^행威^위力^력하야 得^득不^불可^가說^설不^불可^가說^설法^법海^해

故^고로 廻^회向^향하며 欲^욕於^어一^일一^일法^법海^해에 具^구足^족無^무量^량等^등法^법界^계

淸^청淨^정智^지光^광明^명故^고로 廻^회向^향하며

"청정한 행의 위력을 성취하여 말할 수 없이 말할 수 없는 법의 바다를 얻으려고 회향하며, 낱낱 법의 바다에 한량없이 법계와 평등하고 청정한 지혜의 광명을 구족하려고 회향하느니라."

욕개시연설일체법차별구의고　회향　욕
欲開示演說一切法差別句義故로 **廻向**하며 **欲**

성취무변광대일체법광명삼매고　회향　욕
成就無邊廣大一切法光明三昧故로 **廻向**하며 **欲**

수순삼세제불변재고　회향
隨順三世諸佛辯才故로 **廻向**하며

"일체 법의 차별한 구절과 뜻을 열어 보여서 연설하려고 회향하며, 그지없고 광대한 일체 법의 광명삼매光明三昧를 성취하려고 회향하며, 삼세 모든 부처님의 변재를 따라 수순하려고 회향하느니라."

욕성취거래현재일체불자재신고　회향
欲成就去來現在一切佛自在身故로 **廻向**하며

위존중일체불가애락무장애법고　회향　위
爲尊重一切佛可愛樂無障礙法故로 **廻向**하며 **爲**

만족대비심　구호일체중생　상무퇴전고
滿足大悲心하야 **救護一切衆生**하야 **常無退轉故**로

회향
廻向하며

"과거 미래 현재의 모든 부처님의 자재한 몸을 성취하려고 회향하며, 일체 부처님의 사랑스럽고 장애가 없는 법을 존중하려고 회향하며, 대비심을 만족하고 일체 중생을 구호하여 항상 퇴전치 않게 하려고 회향하느니라."

욕 성 취 부 사 의 차 별 법 무 장 애 지　　심 무 구 염
欲成就不思議差別法無障礙智하야 心無垢染

제 근 청 정　　보 입 일 체 중 회 도 량 고　　회 향
하고 諸根淸淨하야 普入一切衆會道場故로 廻向하며

"부사의하게 차별한 법과 장애가 없는 지혜를 성취하고 마음에 때가 없이 모든 근根이 청정하여 일체 대중이 모인 도량에 두루 들어가려고 회향하느니라."

욕 어 일 체 약 복 약 앙　　약 추 약 세　　약 광 약 협
欲於一切若覆若仰과 若麤若細와 若廣若狹과

소 대 염 정　　여 시 등 제 불 국 토　　상 전 평 등 불 퇴 법
小大染淨인 如是等諸佛國土에 常轉平等不退法

륜고   회향
輪故로 **廻向**하며

"일체 엎어지고 잦혀지고 크고 작고 넓고 좁고 잘고
굵고 물들고 깨끗한 이와 같은 여러 가지 부처님 국토
에서 평등하고 물러가지 않는 법륜을 항상 굴리려고 회
향하느니라."

욕 어 염 념 중   득 무 소 외 무 유 궁 진 종 종 변 재
欲於念念中에 **得無所畏無有窮盡種種辯才**의

묘 법 광 명   개 시 연 설 고   회 향
妙法光明하야 **開示演說故**로 **廻向**하며

"잠깐잠깐 동안에 두려움이 없고 다함이 없는 갖가
지 변재의 미묘한 법의 광명을 얻어서 열어서 연설하려
고 회향하느니라."

위 락 구 중 선   발 심 수 습   제 근 전 승   획
爲樂求衆善하야 **發心修習**하야 **諸根轉勝**하야 **獲**

일체법대신통지　진능요지일체제법고　회
一切法大神通智하야 盡能了知一切諸法故로 廻

향
向하며

"여러 가지 선善한 일을 구하려고 발심發心하여 닦으
며, 여러 근根이 점점 수승하여져서 일체 법에 큰 신통
과 지혜를 얻어 일체 모든 법을 모두 분명하게 알려고
회향하느니라."

욕어일체중회도량　친근공양　위일체중
欲於一切衆會道場에 親近供養하고 爲一切衆

생　연일체법　함령환희고　회향
生하야 演一切法하야 咸令歡喜故로 廻向이니라

"일체 도량에 모인 대중에게 친근하여 공양하고, 일
체 중생을 위하여 일체 법을 연설하여 모두 환희케 하
려고 회향하느니라."

보리를 위한 회향에서 끝에는 "일체 도량에 모인 대중에
게 친근하여 공양하고, 일체 중생을 위하여 일체 법을 연설

하여 모두 환희케 하려고 회향한다."고 하였다. 끝내는 중생이 기뻐하고 중생이 행복하고 중생이 환희하고 중생에게 이익 되기를 바라는 것이다.

3〉실제實際를 위한 회향

불자　　보살마하살　　우이차선근　　　여시회
佛子야 菩薩摩訶薩이 又以此善根으로 如是廻

향　　　소위이주법계무량주회향
向하나니 所謂以住法界無量住廻向하며

"불자들이여, 보살마하살이 또 이 선근善根으로 이와 같이 회향하느니라. 이른바 법계에 머문 한량없는 머무름으로써 회향하느니라."

실제를 위한 회향이란 진리를 위한 회향이며 진리에 회향하는 것이다. 실제를 위한 회향에서 청량스님은 소疏에서 이와 같이 설하였다. "실제회향에 29구절이 있다. 다 '법계法界'라고 한 것은 '이'와 '사'가 걸림이 없는 법계[理事無礙法界]다. 다 '머문다[住].'라고 한 것은 지혜가 현상과 함께하고 있는 본질에 계합하여 머물되 머무는 바가 없기 때문이다. 머무는 것은 곧 이치에 들어가서 안주하기 때문이다. 법계가 둘이 없는 것이 곧 평등하다는 뜻이다."[2]

이 주 법 계 무 량 신 업 회 향   이 주 법 계 무 량 어
以住法界無量身業廻向하며 **以住法界無量語**

업 회 향   이 주 법 계 무 량 의 업 회 향
業廻向하며 **以住法界無量意業廻向**하며

"법계에 머문 한량없는 몸의 업業으로 회향하며, 법계에 머문 한량없는 말의 업으로 회향하며, 법계에 머문 한량없는 뜻의 업으로 회향하느니라."

본질과 현상이 걸림이 없는 법계[理事無礙法界]에 머문 한량없는 삼업三業, 즉 몸의 업과 말의 업과 뜻의 업을 밝혔다. 즉 몸이 곧 말이고, 말이 곧 뜻이며, 뜻이 또한 곧 몸이며 말이다. 이것이 본질과 현상이 걸림이 없는 법계에 머무는 이치이

---

2) 廻向實際 有二十九句. 皆云【法界】者, 理事無礙法界也. 皆云【住】者, 智契即事之理, 無所住故. 住即入義以安住故. 法界無二即是等義.

다. 즉 삼업혼용三業混用이다.

이 주 법 계 무 량 색 평 등 회 향   이 주 법 계 무 량
以住法界無量色平等廻向하며 **以住法界無量**

수 상 행 식 평 등 회 향   이 주 법 계 무 량 온 평 등 회
受想行識平等廻向하며 **以住法界無量蘊平等廻**

향   이 주 법 계 무 량 계 평 등 회 향   이 주 법 계
向하며 **以住法界無量界平等廻向**하며 **以住法界**

무 량 처 평 등 회 향
無量處平等廻向하며

"법계에 머문 한량없는 색色이 평등함으로 회향하며,
법계에 머문 한량없는 수受 상想 행行 식識이 평등함으로
회향하며, 법계에 머문 한량없는 온蘊이 평등함으로 회
향하며, 법계에 머문 한량없는 계界가 평등함으로 회향
하며, 법계에 머문 한량없는 처處가 평등함으로 회향하
느니라."

또 본질과 현상이 걸림이 없는 법계[理事無礙法界]에 머문 한
량없는 오온五蘊이 평등함으로 회향하며, 18계界가 평등함으

로 회향하며, 12처處가 평등함으로 회향함을 밝혔다. 다시 정리하면 5온과 6입과 12처와 18계가 서로서로 평등하게 혼용하는 이치이다.

이 주 법 계 무 량 내 평 등 회 향   이 주 법 계 무 량
以住法界無量內平等廻向하며 **以住法界無量**

외 평 등 회 향   이 주 법 계 무 량 발 기 평 등 회 향
外平等廻向하며 **以住法界無量發起平等廻向**하며

이 주 법 계 무 량 심 심 평 등 회 향
以住法界無量深心平等廻向하며

"법계에 머문 한량없는 안[內]의 것이 평등함으로 회향하며, 법계에 머문 한량없는 밖[外]의 것이 평등함으로 회향하며, 법계에 머문 한량없이 발기發起하는 것이 평등함으로 회향하며, 법계에 머문 한량없이 깊은 마음이 평등함으로 회향하느니라."

또 본질과 현상이 걸림이 없는 법계에 머문 안과 밖과 일어남과 깊은 마음이 모두 평등함으로 회향하는 것을 밝혔

다. 이와 사, 곧 본질과 현상이 걸림이 없는 진리의 세계에 머무는 경지이므로 평등할 수밖에 없다. 그래서 구절구절마다 모두 평등하다고 한 것이다. 아래에 나오는 내용도 모두 동일한 뜻이다.

以住法界無量方便平等廻向하며 以住法界無
量信解平等廻向하며 以住法界無量諸根平等廻
向하며 以住法界無量初中後際平等廻向하며

"법계에 머문 한량없는 방편이 평등함으로 회향하며, 법계에 머문 한량없는 신심信心과 이해가 평등함으로 회향하며, 법계에 머문 한량없는 근根이 평등함으로 회향하며, 법계에 머문 한량없는 처음과 중간과 나중이 평등함으로 회향하느니라."

이 주 법 계 무 량 업 보 평 등 회 향　　이 주 법 계 무
以住法界無量業報平等廻向하며 以住法界無

량 염 정 평 등 회 향　　이 주 법 계 무 량 중 생 평 등 회
量染淨平等廻向하며 以住法界無量衆生平等廻

향　　　이 주 법 계 무 량 불 찰 평 등 회 향
向하며 以住法界無量佛刹平等廻向하며

"법계에 머문 한량없는 업業과 과보果報가 평등함으로
회향하며, 법계에 머문 한량없는 물들고 깨끗함이 평등
함으로 회향하며, 법계에 머문 한량없는 중생이 평등함
으로 회향하며, 법계에 머문 한량없는 세계가 평등함으
로 회향하느니라."

이 주 법 계 무 량 법 평 등 회 향　　　이 주 법 계 무 량
以住法界無量法平等廻向하며 以住法界無量

세 간 광 명 평 등 회 향　　이 주 법 계 무 량 제 불 보 살
世間光明平等廻向하며 以住法界無量諸佛菩薩

평 등 회 향　　　이 주 법 계 무 량 보 살 행 원 평 등 회 향
平等廻向하며 以住法界無量菩薩行願平等廻向

하며

"법계에 머문 한량없는 법이 평등함으로 회향하며, 법계에 머문 한량없는 세간世間의 광명이 평등함으로 회향하며, 법계에 머문 한량없는 부처님과 보살이 평등함으로 회향하며, 법계에 머문 한량없는 보살의 행行과 원願이 평등함으로 회향하느니라."

以住法界無量菩薩出離平等廻向하며 以住法界無量菩薩敎化調伏平等廻向하며 以住法界無量法界無二平等廻向하며 以住法界無量如來衆會道場平等廻向이니라

"법계에 머문 한량없는 보살의 번뇌에서 벗어남이 평등함으로 회향하며, 법계에 머문 한량없는 보살의 교화와 조복이 평등함으로 회향하며, 법계에 머문 한량없는 법계가 둘이 없이 평등함으로 회향하며, 법계에 머문 한량없는 여래의 도량에 모인 대중이 평등함으로 회

향하느니라."

법계에 머문 한량없음이란 일체 존재의 본질인 '이理'와 존재의 현상인 '사事'가 걸림이 없는 법의 세계를 바탕으로 볼 때 일체 법이 한량없고 평등하다는 뜻이다.

(17) 회향하여 이익을 이룸

불자야 보살마하살이 여시회향시에 안주법계
佛子야 菩薩摩訶薩이 如是廻向時에 安住法界

무량평등청정신하며 안주법계무량평등청정어
無量平等淸淨身하며 安住法界無量平等淸淨語

안주법계무량평등청정심
하며 安住法界無量平等淸淨心하며

"불자들이여, 보살마하살이 이와 같이 회향할 때에 법계의 한량없이 평등하고 청정한 몸에 편안히 머물며, 법계의 한량없이 평등하고 청정한 말에 편안히 머물며, 법계의 한량없이 평등하고 청정한 마음에 편안히 머무느니라."

실제에 회향하여 이익 얻음을 밝혔다. 먼저 법계의 한량 없이 평등하고 청정한 몸과 말과 마음의 삼업에 편안히 머무는 이익이다. 실제에 회향한다는 것은 그 자체가 진리와 하나로 동화된 경지이다. 몸과 말과 마음이 편안히 머무는 것은 법이 으레 그와 같기 때문이다.

안 주 법 계 무 량 평 등 제 보 살 청 정 행 원　　안 주
安住法界無量平等諸菩薩淸淨行願하며 **安住**

법 계 무 량 평 등 청 정 중 회 도 량　　안 주 법 계 무 량
法界無量平等淸淨衆會道場하며 **安住法界無量**

평 등 위 일 체 보 살 광 설 제 법 청 정 지
平等爲一切菩薩廣說諸法淸淨智하며

"법계의 한량없이 평등한 모든 보살의 청정한 행과 원에 편안히 머물며, 법계의 한량없이 평등하고 청정한 대중이 모인 도량에 편안히 머물며, 법계의 한량없이 평등하여 일체 보살에게 모든 법을 널리 설하는 청정한 지혜에 편안히 머무느니라."

여기에서 법계라고 하는 것도 역시 본질인 이理와 현상인 사事가 걸림이 없는 진리의 세계를 말한다. 그와 같은 평등한 모든 보살의 청정한 행과 원에 편안히 머물며, 한량없이 평등하고 청정한 대중이 모인 도량에 편안히 머무는 것 등이다.

안 주 법 계 무 량 평 등 능 입 진 법 계 일 체 세 계 신
安住法界無量平等能入盡法界一切世界身

하며 안 주 법 계 무 량 평 등 일 체 법 광 명 청 정 무 외
安住法界無量平等一切法光明清淨無畏 하야

"법계의 한량없이 평등하여 온 법계의 일체 세계에 능히 들어가는 몸에 편안히 머물며, 법계의 한량없이 평등한 일체 법의 광명이 청정하여 두려움이 없는 데 편안히 머무느니라."

능 이 일 음 진 단 일 체 중 생 의 망 수 기 근
能以一音으로 **盡斷一切衆生疑網**하고 **隨其根**

욕 개 령 환 희 주 어 무 상 일 체 종 지 역 무
欲하야 **皆令歡喜**하야 **住於無上一切種智**의 **力無**

소 외   자 재 신 통   광 대 공 덕 출 리 법 중
所畏와 **自在神通**의 **廣大功德出離法中**이니

　"능히 한 소리로 일체 중생의 의심을 다 끊고 그의
근성根性과 욕망을 따라 환희케 하며, 가장 높은 일체 지
혜와 힘과 두려움 없음과 자재와 신통과 광대한 공덕과
번뇌에서 벗어나는 법에 머무느니라."

　능히 한 소리로 일체 중생의 의심을 다 끊고 그 근성과 욕
망을 따라 환희케 하는 것은 위대한 사자후의 설법이다. 그
와 같은 설법으로 가장 높은 일체 지혜와 힘과 두려움 없음
과 자재와 신통과 광대한 공덕과 번뇌에서 벗어나는 법에 머
문다.

　불 자   시 위 보 살 마 하 살   제 십 주 등 법 계 무
佛子야 **是爲菩薩摩訶薩**의 **第十住等法界無**

량 회 향
量廻向이니라

　"불자들이여, 이것이 보살마하살의 열 번째 평등한

법계에 머무는 한량없는 회향이니라."

이 회향의 이익을 밝힘으로써 십회향 중 열 번째, 평등한
법계에 머무는 한량없는 회향을 설하여 마쳤다.

(18) 과위果位를 밝히다

보살마하살 이법시등일체선근 여시회
菩薩摩訶薩이 **以法施等一切善根**으로 **如是廻**

향시 성만보현무량무변보살행원 실능엄
向時에 **成滿普賢無量無邊菩薩行願**하야 **悉能嚴**

정진허공등법계일체불찰
淨盡虛空等法界一切佛刹하고

"보살마하살이 법을 보시하는 등 일체 선근으로 이
와 같이 회향할 때에 보현普賢의 한량없고 그지없는 보
살의 행과 원을 원만하게 성취하며, 온 허공과 법계의
모든 부처님 세계를 깨끗하게 장엄하느니라."

화엄경의 과위果位는 크게 나누면 다음과 같다. 믿음이

완전해지면 비로소 제1주가 된다. 그것을 십신만심十信滿心에 비로소 보리심을 발한다고 하여 십주 초주를 발심주發心住라 한다. 그래서 십주와 십행과 십회향을 삼현위三賢位라하고 십지를 십성위聖位라 한다. 이제 십회향이 끝났으므로 삼현위가 끝났다. 사찰의 전통 강원에서는 화엄경을 개론서인 현담玄談과 삼현三賢과 십지十地만을 공부하던 때가 있었다.

보살이 법을 보시하고 기타 온갖 재물과 몸과 살과 피와 뼈 등을 보시하는 일체 선근으로써 이와 같이 회향할 때, 보현普賢의 한량없고 그지없는 보살의 행과 원을 원만하게 성취하게 된다. 그것으로 세상을 맑고 향기롭게 하는 것이 곧 온 허공과 법계의 모든 부처님 세계를 깨끗하게 장엄한다고 하는 것이다. 세상을 살기 좋은 곳으로 만드는 유일한 방법은 선근을 회향하는 것이다. 불교는 모든 존재가 '회廻'하고 '향向'하는 것[회향]의 연속이라는 이치를 깨달아 이 이치를 세상에 펼치는 데 그 목적이 있다.

영일체중생　　역득여시　　구족성취무변
令一切衆生_{으로} 亦得如是_{하야} 具足成就無邊

지혜　　요일체법　　어염념중　　견일체불　출
智慧_{하야} 了一切法_{하며} 於念念中_에 見一切佛_이 出

흥어세　　어염념중　　견일체불　무량무변자
興於世_{하고} 於念念中_에 見一切佛_의 無量無邊自

재력
在力_{하나니}

"일체 중생으로 하여금 또한 이와 같이 끝없는 지혜
를 구족히 성취하여 일체 법을 알게 하며, 잠깐잠깐 동
안에 모든 부처님이 세상에 출현하심을 보게 하며, 잠
깐잠깐 동안에 모든 부처님의 한량없고 그지없이 자재
한 힘을 보게 하느니라."

열 번째 회향의 과위는 십회향 전체의 과위이며 십회향 전
체의 과위는 곧 삼현위三賢位의 과위가 된다. 그래서 일체 중생
으로 하여금 끝없는 지혜를 구족히 성취하여 일체 법을 알게
하며, 한순간에 모든 부처님이 세상에 출현하심을 보게 하며,
또 한순간에 모든 부처님의 한량없고 그지없이 자재한 힘을

보게 한다.

소위광대자재력   무착자재력   무애자재
所謂廣大自在力과 無着自在力과 無礙自在

력   부사의자재력   정일체중생자재력   입일
力과 不思議自在力과 淨一切衆生自在力과 立一

체세계자재력   현불가설어언자재력
切世界自在力과 現不可說語言自在力과

"이른바 광대하게 자재한 힘과, 집착 없이 자재한 힘

과, 걸림 없이 자재한 힘과, 부사의하게 자재한 힘과,

일체 중생을 청정하게 하는 자재한 힘과, 일체 세계를

건립하는 자재한 힘과, 말할 수 없는 말을 나타내는 자

재한 힘이니라."

수시응현자재력   주불퇴전신통지자재력
隨時應現自在力과 住不退轉神通智自在力과

연설일체무변법계   비무유여자재력   출생
演說一切無邊法界하야 俾無有餘自在力과 出生

보현보살무변제안자재력
普賢菩薩無邊際眼自在力과

"때에 맞추어 나타내는 자재한 힘과, 퇴전하지 않는
신통과 지혜에 머무는 자재한 힘과, 모든 끝이 없는 법
계를 연설하여 남음이 없게 하는 자재한 힘과, 보현보
살의 끝이 없는 눈을 출생하는 자재한 힘이니라."

이무애이식   문지무량제불정법자재력
以無礙耳識으로 聞持無量諸佛正法自在力과

일신   결가부좌   주변시방무량법계   어
一身이 結跏趺坐하야 周徧十方無量法界호대 於

제중생   무소박애자재력   이원만지   보입삼
諸衆生에 無所迫隘自在力과 以圓滿智로 普入三

세무량법자재력
世無量法自在力이며

"걸림이 없는 귀로 한량없는 모든 부처님의 정법을
듣는 자재한 힘과, 한 몸이 결가부좌하고 시방의 한량
없는 법계에 두루 하되 모든 중생에게 비좁지 않게 하
는 자재한 힘과, 원만한 지혜로 삼세의 한량없는 법에

두루 들어가는 자재한 힘이니라."

　또 십회향의 과위는 일체 중생으로 하여금 여러 가지 자재한 힘을 짧은 한순간에 보게 함을 밝혔다. 십회향의 과위는 십지의 과위와 크게 다르지 않아서 그 과위에서 보는 여러 가지 자재한 힘은 곧 불과佛果의 지위에서 보는 것과 같다. 광대하고 집착이 없고 걸림이 없고 불가사의한 자재한 힘에서부터 걸림이 없는 귀로 한량없는 모든 부처님의 정법을 듣는 자재한 힘과, 한 몸이 결가부좌하고 시방의 한량없는 법계에 두루 하되 모든 중생에게 비좁지 않게 하는 자재한 힘 등이다.

　　우 득 무 량 청 정　　　소 위 일 체 중 생 청 정　　　일
又得無量清淨하나니 **所謂一切衆生清淨**과 **一**

체 불 찰 청 정　　　일 체 법 청 정　　　일 체 처 변 지 지 청
切佛刹清淨과 **一切法清淨**과 **一切處徧知智清**

정　　　변 허 공 계 무 변 지 청 정
淨과 **徧虛空界無邊智清淨**과

"또한 한량없이 청정함을 얻나니, 이른바 일체 중생의 청정과 일체 부처님 세계의 청정과, 일체 법의 청정과, 일체 처소를 두루 아는 지혜의 청정과, 허공에 가득한 그지없는 지혜의 청정이니라."

십회향의 과위는 온갖 자재한 힘과 함께 한량없는 청정을 얻는다. 일체 중생의 청정과 일체 부처님 세계의 청정과 일체 법의 청정 등이다.

득일체차별언음지 이종종언음 보응
得一切差別言音智하야 以種種言音으로 普應

중생청정 방무량원만광 보조일체무변세
衆生淸淨과 放無量圓滿光하야 普照一切無邊世

계청정 출생일체삼세보살행지청정
界淸淨과 出生一切三世菩薩行智淸淨과

"일체 차별한 음성의 지혜를 얻어 갖가지 말로써 중생을 널리 응하는 청정과, 한량없이 원만한 광명을 놓아 그지없는 일체 세계를 두루 비추는 청정과, 일체 삼세의 보살행을 출생하는 지혜의 청정이니라."

　　　일 념 중　　보 입 삼 세 일 체 제 불 중 회 도 량 지 청
　　一念中에 普入三世一切諸佛衆會道場智淸

정　　입 무 변 일 체 세 간　　영 일 체 중 생　　개 작 소
淨과 入無邊一切世間하야 令一切衆生으로 皆作所

응 작 청 정
應作淸淨이라

　　"한 생각에 삼세 일체 부처님의 여럿이 모인 도량에
들어가는 지혜의 청정과, 그지없는 일체 세간에 들어가
서 일체 중생들로 하여금 모두 할 일을 하게 하는 청정
이니라."

　　　여 시 등　　개 득 구 족　　　개 득 성 취　　　개 이 수
　　如是等이 皆得具足하며 皆得成就하며 皆已修

치　　　개 득 평 등　　　개 실 현 전　　　개 실 지 견　　　개
治하며 皆得平等하며 皆悉現前하며 皆悉知見하며 皆

실오입   개이관찰   개득청정   도어피안
悉悟入하며 皆已觀察하며 皆得淸淨하야 到於彼岸
이니라

"이와 같은 등을 모두 구족하고, 모두 성취하고, 모두 닦고, 모두 평등하고, 모두 앞에 나타나고, 모두 알아보고, 모두 깨달아 들어가고, 모두 관찰하고, 모두 청정하여 저 언덕에 이르느니라."

십회향의 과위는 온갖 청정을 얻고 나서 다시 이와 같은 등을 모두 구족하고, 모두 성취하고, 모두 닦고, 모두 평등하고, 모두 앞에 나타나고, 모두 알아보고, 모두 깨달아 들어가고, 모두 관찰하고, 모두 청정하여 저 언덕에 이르는 것이다.

5. 상서를 나타내 보이다

1) 땅을 진동시켜 믿음을 내게 하다

이시 불신력고 시방각백만불찰미진수세
爾時에 佛神力故로 十方各百萬佛刹微塵數世

계 육종진동 소위동 변동 등변동 기
界가 六種震動하니 所謂動과 徧動과 等徧動과 起와

변기 등변기 용 변용 등변용 진 변진
徧起와 等徧起와 踊과 徧踊과 等徧踊과 震과 徧震과

등변진 후 변후 등변후 격 변격 등변
等徧震과 吼와 徧吼와 等徧吼와 擊과 徧擊과 等徧

격
擊이니라

그때에 부처님의 신력으로 시방에 각각 백만 세계의
작은 먼지 수와 같이 많은 세계가 여섯 가지로 진동하

였습니다. 이른바 흔들흔들, 두루 흔들흔들, 온통 두루 흔들흔들, 들먹들먹, 두루 들먹들먹, 온통 두루 들먹들먹, 울쑥불쑥, 두루 울쑥불쑥, 온통 두루 울쑥불쑥, 우르르, 두루 우르르, 온통 두루 우르르, 와르릉, 두루 와르릉, 온통 두루 와르릉, 와지끈, 두루 와지끈, 온통 두루 와지끈하는 것이었습니다.

금강당金剛幢보살이 십회향 법문을 다 설하고 나니 여러 가지 상서가 나타난 것을 기록하였다. 먼저 땅을 진동시켜 믿음을 내게 하는 상서를 밝혔다. 다음은 온갖 공양거리로써 공양하는 상서이다. 이러한 내용은 경을 결집하는 경가經家가 보고 들은 것을 서술한 것으로 되어 있다.

경전을 결집한 경가는 어떤 경전이든지 모두 아난존자가 보고 들은 것을 송출誦出하여 결집한 것으로 약속되어 있다. 부처님께서 열반에 드시고 3개월 만에 결집한 경전에서부터 5백 년이나 1천 년 뒤에 결집한 경전들도 모두 아난존자의 송출로 결집한 것으로 되어 있다. 심지어 앞으로 또 어떤 경전을 누가 결집하고 편찬하더라도 그 역시 아난존자가 경가가 되어 송출하여 결집한 것으로 된다. 만약 이 원칙을 어

기면 그것은 불교의 경전이 아니다.

금강당보살이 십회향 법문을 설해 마치니 "시방에 각각 백만 세계의 작은 먼지 수와 같이 많은 세계가 여섯 가지로 진동하였다."고 하였다. 구체적으로 하면 6종 18상이다. 즉 6근과 6경과 6식의 18가지 인간 삶의 전 영역이 빠짐없이 큰 감동을 일으켜서 그 환희와 놀라움과 충격에 떠는 모습을 표현한 것이다. 만약 진실로 땅이 이와 같이 흔들렸다면 진도震度가 1천 도가 넘는 큰, 크나큰 지진이었을 것이다.

2) 공양을 일으키다

불신력고　　법여시고　　우중천화　　천만　　천
佛神力故며　法如是故로　雨衆天華와　天鬘과　天

말향　　천제잡향　　천의복　　천진보　　천장엄구
末香과　天諸雜香과　天衣服과　天珍寶와　天莊嚴具와

천마니보　　천침수향　　천전단향　　천상묘개
天摩尼寶와　天沈水香과　天栴檀香과　天上妙蓋와

천 종 종 당　천 잡 색 번
天種種幢과 **天雜色幡**하며

　부처님의 신력인 연고며 법이 으레 이와 같은 연고로 여러 가지 하늘 꽃과 하늘 화만과 하늘 가루향과 하늘 여러 가지 향과 하늘 의복과 하늘 보물과 하늘 장엄거리와 하늘 마니보배와 하늘 침수향과 하늘 전단향과 하늘 묘한 일산日傘과 하늘 갖가지 깃대와 하늘 잡색 깃발을 비 내리었습니다.

　역시 경가의 서술이다. 십회향 법문을 다 설하고 나니 상서를 보여 법을 증명하는데 먼저 땅이 6종 18상으로 진동하였다. 다음으로는 여러 가지 공양을 일으켜 보였다. 모두가 부처님의 신력인 까닭이며 법이 으레 이와 같은 까닭으로 훌륭하고 뛰어난 꽃과 향과 옷과 보배와 장엄구 등으로 공양하였다.

아 승 지 제 천 신　무 량 백 천 억 불 가 설 천 묘 법
阿僧祇諸天身과 **無量百千億不可說天妙法**

음　　불가사의천찬불음　아승지천환희음
音과 **不可思議天讚佛音**과 **阿僧祇天歡喜音**으로

함　칭　선　재
咸稱善哉라하며

　　아승지 하늘의 몸과 한량없는 백천억 말할 수 없는
하늘의 묘한 법문 음성과 불가사의한 하늘이 부처님을
찬탄하는 음성과 아승지 하늘의 환희한 음성으로 다 함
께 '훌륭하십니다.'라고 칭찬하였습니다.

　　경가의 서술은 계속된다. 아승지에서부터는 몸으로 하
는 공양과 음성으로 하는 공양과 마음으로 하는 공양 등 세
가지 일로 공양하는 것이다. 아승지 하늘의 환희한 음성으
로 다함께 '훌륭하십니다.'라고 칭찬한 데서는 마치 현장에
참석한 느낌마저 든다.

무 량 아 승 지 백 천 나 유 타 제 천　　공 경 예 배
無量阿僧祇百千那由他諸天이 **恭敬禮拜**하며

한량없는 아승지 백천 나유타 모든 하늘이 공경하며

예배하였습니다.

이와 같은 회향 법문을 듣고 어찌 공경하고 예배하지 않을 수 있겠는가. 저절로 합장이 되고, 예배가 되고, 공경심이 우러났을 것이다. 경가가 이 모습을 본 듯이 그리고 있다.

無數天子가 常念諸佛하야 希求如來無量功德
무 수 천 자   상 념 제 불   희 구 여 래 무 량 공 덕
하야 心不捨離하며
     심 불 사 리

수없는 천자들이 부처님을 항상 생각하며 여래의 무량한 공덕을 희구希求하여 잠깐도 마음에서 떠나지 않았습니다.

회향 법문을 들은 무수한 천자들의 감동한 마음을 밝혔다. 여래의 무량한 공덕을 희구希求하여 잠깐도 마음에서 떠나지 않았다.

무 수 천 자　　작 중 기 악　　　가 영 찬 탄　　　공 양
無數天子가 **作衆伎樂**하야 **歌詠讚歎**하야 **供養**

여래
如來하며

　　수없는 천자들이 여러 가지 풍류로 노래하고 찬탄하
여 여래께 공양하였습니다.

　　또 무수한 천자들은 여러 가지 풍류로 노래하고 찬탄하
여 여래께 공양하였다. 경가가 이와 같은 모습을 보고 이와
같은 음악을 듣고 일일이 밝혀 놓았다.

백 천 아 승 지 제 천　　　방 대 광 명　　　보 조 진 허 공
百千阿僧祇諸天이 **放大光明**하야 **普照盡虛空**

변 법 계 일 체 불 찰　　　현 무 량 아 승 지 제 불 경 계　　여
徧法界一切佛刹하야 **現無量阿僧祇諸佛境界**에 **如**

래 화 신　　출 과 제 천
來化身이 **出過諸天**이니라

　　백천 아승지 하늘은 큰 광명을 놓아 온 허공과 법계
에 두루 한 일체 세계를 널리 비추어, 한량없는 아승지

모든 부처님 경계에서 모든 하늘을 뛰어넘는 여래의 화
신을 나타내었습니다.

또 백천 아승지 하늘은 큰 광명을 놓아 온 허공과 법계에
두루 한 일체 세계를 널리 비추었는데, 그 빛으로 모든 부처
님 경계에서 하늘을 뛰어넘는 여래의 화신化身을 나타내었
다. 이것이 공양을 일으키는 상서를 나타내어 십회향 법문
을 증명한 것이다.

6. 시방세계도 모두 이와 같다

여 어 차 세 계 도 솔 타 천 궁　　　설 여 시 법　　　주 변
如於此世界兜率陀天宮에 **說如是法**하야 **周徧**

시 방 일 체 세 계 도 솔 천 궁　　　실 역 여 시
十方一切世界兜率天宮에도 **悉亦如是**하나라

　이 세계의 도솔타천에서 이와 같은 법을 설하는 것
처럼 시방에 두루 한 모든 세계의 도솔타천궁에서도 다
또한 이와 같았습니다.

　화엄경에서 바라보는 일체 존재의 이치는 세상에 존재하
는 모든 것은 낱낱이 하나를 들면 일체가 들리고 하나를 놓
으면 일체가 놓이는, 법계가 함께 연기하는 것이다. 그것을
'하나 가운데 전체이고 전체 가운데 하나'라고 하며 '하나
가 곧 일체이고 일체가 곧 하나'라고도 한다. 이 세계의 도
솔타천에서 이와 같은 법을 설하는 것처럼 시방에 두루 한

모든 세계의 도솔타천궁에서도 다 또한 이와 같이 법을 설

하였다.

7. 백만 세계의 미진수 보살들이 증명하다

이 시　부 이 불 신 력 고　　시 방 각 과 백 만 불 찰 미
爾時에 復以佛神力故로 十方各過百萬佛刹微

진 수 세 계 외　　　각 유 백 만 불 찰 미 진 수 제 보 살
塵數世界外하야 各有百萬佛刹微塵數諸菩薩이

이 래 집 회　　주 변 시 방　　함 작 시 언
而來集會하사 周徧十方하야 咸作是言하사대

그때에 또한 부처님의 신력으로 시방에 각각 백만
세계의 작은 먼지 수와 같은 세계 밖에 있던 각각 백만
세계의 작은 먼지 수와 같이 많은 보살들이 와서 모이
니 시방에 가득하였습니다. 이들 보살은 함께 이러한 말
씀을 하였습니다.

백만 세계의 작은 먼지 수와 같이 많은 수의 보살들이 십

회향 법문을 증명하며 찬탄하는 내용이다.

선재선재　불자　내능설차제대회향　불
善哉善哉라 佛子야 乃能說此諸大廻向이여 佛

자　아등　개동일호　명금강당　실종금강
子야 我等이 皆同一號니 名金剛幢이라 悉從金剛

광세계금강당불소　내예차토　피제세계
光世界金剛幢佛所하야 來詣此土호니 彼諸世界도

실이불신력고　이설시법
悉以佛神力故로 而說是法하며

"훌륭하고 훌륭하십니다. 불자여, 이 모든 큰 회향을
잘 말씀하십니다. 불자여, 우리들은 모두 동일한 이름
으로 '금강당'이라 합니다. 금강광 세계에 계시는 금강
당 부처님 계신 데서 이 국토에 왔습니다. 저 모든 세계
에서도 모두 부처님의 신력으로 이 법을 설하십니다."

중회권속　문사구의　개역여시　부증불
衆會眷屬과 文詞句義도 皆亦如是하야 不增不

감
減이라

　"모인 대중과 권속과 글과 구절과 이치도 다 여기와
같아서 더하지도 않고 덜하지도 아니합니다."

　아등　개승불신력　　종피토래　　위여작
　我等이 皆乘佛神力하고 從彼土來하야 爲汝作

증　　여아래차중회위여작증　　시방소유일
證하노니 如我來此衆會爲汝作證하야 十方所有一

체세계도솔천궁보장엄전　제보살중　내위작
切世界兜率天宮寶莊嚴殿에 諸菩薩衆이 來爲作

증　역부여시
證도 亦復如是하니라

　"우리들은 모두 부처님의 신력에 의지하여 저 세계
로부터 와서 그대를 위하여 증명합니다. 우리들이 이 회
상에 와서 증명하는 것처럼 시방 일체 세계에 있는 도
솔타천궁의 보장엄전寶莊嚴殿에 모든 보살대중들이 와서
증명하는 것이 또한 이와 같습니다."라고 하였습니다.

백만 세계의 작은 먼지 수와 같이 많은 수의 보살들이 십회향 법문을 증명하는 내용의 말씀이다. 그 많은 국토도 같은 이름이며, 그 많은 부처님의 이름도 다 같으며, 그 많은 보살들의 이름도 다 같다. 그 모든 세계에서 설하신 법문도 다 같은 십회향 법문이다. 법을 듣기 위해 모인 대중들도 다 같으며, 글과 구절과 이치도 다 여기와 같아서 더하지도 않고 덜하지도 아니하다. 서로서로 법문을 증명하는 것까지 모두 같다.

왜 모든 것이 이렇게 같은가. 진여자성의 자리는 아무리 많은 생명이라 하더라도 다를 까닭이 없다. 차별 없는 참사람의 경지와 참나의 경지와 참마음의 경지는 어느 세계 어떤 생명이라 하더라도 모두가 동일하다. 나아가서 차별한 현상들과 그 현상들의 본성 또한 원융해서 두 가지 모양이 아니고[法性圓融無二相] 하나다. 예컨대 바람을 따라 출렁이는 물결의 모양이 천만 가지로 다르더라도 하나의 물인 것과 같은 이치이다. 이것이 화엄경의 법성사상이다.

8. 게송으로 찬탄하다

1) 찬탄하는 위의威儀와 뜻을 펴다

이시 금강당보살 승불신력 관찰시방일
爾時에 **金剛幢菩薩**이 **承佛神力**하사 **觀察十方一**

체중회 기우법계이 선지문의 증광대심
切衆會와 **暨于法界已**하고 **善知文義**하사 **增廣大心**

대비보부일체중생
하야 **大悲普覆一切衆生**하며

그때에 금강당金剛幢보살이 부처님의 신력을 받들어
시방의 일체 대중과 법계를 관찰하고 나서 글과 뜻을
잘 알며, 광대한 마음이 증장하고, 크게 자비한 마음이
일체 중생을 두루 덮었습니다.

계 심 안 주 삼 세 불 종　　선 입 일 체 불 공 덕 법
繫心安住三世佛種하며 善入一切佛功德法하며

성 취 제 불 자 재 지 신
成就諸佛自在之身하며

마음을 두어 삼세 부처님의 종성種性에 편안히 머물
고, 일체 부처님의 공덕법功德法에 들어가서 부처님의 자
재한 몸을 성취하였습니다.

관 제 중 생 심 지 소 락　　급 기 소 종 일 체 선 근
觀諸衆生心之所樂과 及其所種一切善根하사

실 분 별 지　　수 순 법 신　　위 현 청 정 묘 색 지 신
悉分別知하며 隨順法身하야 爲現淸淨妙色之身하고

즉 어 시 시　　이 설 송 왈
卽於是時에 而說頌曰

모든 중생들이 마음으로 좋아하는 것과 그들이 심은
일체 선근을 관찰하고, 분별하여 알며, 법신法身을 수순
하여 청정하고 미묘한 색신色身을 나타내고는 곧 그때에
게송으로 말하였습니다.

길고 긴 십회향품의 법문을 장문으로 설하는 것은 다 마쳤다. 그리고 다시 게송으로 요약하여 정리하면서 찬탄한다. 먼저 게송으로 찬탄하는 위의와 뜻을 간략히 밝혔다. 경전을 결집한 경가는 "금강당보살이 글과 뜻을 잘 알며, 광대한 마음이 증장하고, 크게 자비한 마음이 일체 중생을 두루 덮었다."고 하였다. 또한 금강당보살은 "부처님의 종성에 편안히 머물고, 일체 부처님의 공덕의 법에 들어가서 부처님의 자재한 몸을 성취하였다."고도 하였다. 이와 같은 등의 금강당보살의 법력과 덕화를 다시 밝히는 것은 십회향 법문이 끝없이 높고 넓고 자비와 지혜가 끝 간 데 없이 무량하고 무변하다는 것을 더욱 믿게 하는 것이리라.

2) 회향하는 선근善根

보 살 성 취 법 지 혜
菩薩成就法智慧하야

오 해 무 변 정 법 문
悟解無邊正法門하고

위 법 광 명 조 어 사
爲法光明調御師하야

요 지 무 애 진 실 법
了知無礙眞實法이로다

보살이 법의 지혜 성취하여서

끝없는 바른 법문 깨달아 알고

법의 광명 비추고 조어調御하는 스승이 되어

걸림없는 진실한 법 분명히 알도다.

청량스님은 소疏에서 게송 부분을 이와 같이 분류하였다. "뒤에 게송을 설하는 중에 둘로 나눈다. 앞에서는 제10 회향을 밝히는 게송이고, 다음은 수승함을 찬탄하여 수행하기를 권하였다. 앞의 36게송을 다시 셋으로 나눈다. 처음 9 게송은 회향할 바의 선근이다." [3]

십회향 지위에 오른 보살은 불법에 대한 지혜를 성취하였으므로 무량무변한 정법을 깨달아 알고 있다. 보살이 중생을 교화 조복하려면 무엇보다 먼저 부처님의 정법을 잘 알고 있어야 한다. 그래야 정법의 광명을 널리 세상에 비출 수 있으며 중생을 잘 다스리는 스승이 된다. 이것이 진정 걸림없는 진실한 법을 깨달아 아는 것이다.

---

3) 後正說偈中亦二 : 先明第十迴向偈. 後歎勝勸修. 前中三十六偈分三 : 初九偈頌所迴善根.

보 살 위 법 대 도 사
菩薩爲法大導師하야

개 시 심 심 난 득 법
開示甚深難得法하고

인 도 시 방 무 량 중
引導十方無量衆하야

실 령 안 주 정 법 중
悉令安住正法中이로다

보살이 바른 법의 대도사大導師가 되어

얻어 보기 어려운 깊고 깊은 법 열어 보이고

한량없는 시방 중생 인도하여서

모두 다 바른 법에 편안히 머물게 하도다.

십회향 지위에 오른 보살은 바른 법을 가르치는 큰 스승
이다. 그러므로 얻기 어려운 깊고 깊은 법을 열어 보여서 시
방의 모든 대중들을 인도하여 정법에 편안히 머물게 한다.

보 살 이 음 불 법 해
菩薩已飮佛法海하고

법 운 보 우 시 방 계
法雲普雨十方界하며

법 일 출 현 어 세 간
法日出現於世間하야

천 양 묘 법 이 군 생
闡揚妙法利群生이로다

보살이 불법의 바다를 이미 마시고

법의 구름 시방세계에 널리 비 내리며
법의 태양이 세간에 출현하여서
미묘법을 드날려 중생을 이익하게 하도다.

보살이 법으로 중생을 교화하는 것이 마치 용왕이 바닷물을 다 마시고 하늘로 올라가서 큰 구름을 일으켜 온 시방에 흠뻑 비를 내리는 것과 같은 광경이다. 또 보살은 정법의 태양이 되어 세상을 진리로써 환하게 비추어 온갖 생명을 바른 길로 인도하여 이익하게 한다.

상 위 난 우 법 시 주
常爲難遇法施主하야

요 지 입 법 교 방 편
了知入法巧方便하니

법 광 청 정 조 기 심
法光淸淨照其心이라

어 세 설 법 항 무 외
於世說法恒無畏로다

언제나 만나기 어려운 법의 시주가 되어
법문에 들어가는 훌륭한 방편을 알고
법의 광명 청정하게 그 마음 비추니
세상에서 설법하기 두려움 없도다.

보살은 참으로 만나기 어려운 법을 시주하는 시주자다. 부처님께서도 스스로 대시주大施主라고 하였다. 모든 사람 모든 생명에게 바르고 유익한 길을 베풀고 나누는 진정한 시주다. 실로 모든 불자는 마승馬勝비구가 사리불을 처음 만나 인연의 이치로써 교화했듯이 인연이라는 그 한마디라도 바르게 시주하는 시주자가 되어야 한다. 회향은 시주하는 일이다.

선 수 어 법 자 재 심
善修於法自在心하야

실 능 오 입 제 법 문
悉能悟入諸法門하며

성 취 심 심 묘 법 해
成就甚深妙法海하야

보 위 중 생 격 법 고
普爲衆生擊法鼓로다

바른 법에 자재한 마음 잘 닦아서
여러 가지 법문에 깨달아 들어가며
깊고 깊은 묘법의 바다를 성취하여
중생 위해 법의 북을 널리 치도다.

십회향위에 오른 보살은 오로지 법에 자재한 마음을 닦

아 법에 깨달아 들어가고, 깊고 깊은 법의 바다를 성취하여 중생들을 위해 법의 북을 크게 친다. 이것이 보살의 할 일이다.

선 설 심 심 희 유 법
宣說甚深希有法하야

이 법 장 양 제 공 덕
以法長養諸功德하며

구 족 청 정 법 희 심
具足淸淨法喜心하야

시 현 세 간 불 법 장
示現世間佛法藏이로다

매우 깊고 희유한 법을 널리 설하여

법으로 모든 공덕 길러 내며

청정한 법에 기쁜 마음 구족하여

세간에 부처님 법의 창고를 나타내도다.

또 깊고 깊은 희유한 법을 널리 설하여 그 법으로 모든 공덕을 길러 낸다. 즉 이치를 알아야 이치에 맞는 행위를 하고 그 결과를 얻어 내는 것과 같다. 또 청정한 법에 대한 기쁜 마음을 구족하여 세간에 부처님 법의 창고를 나타낸다.

제 불 법 왕 소 관 정　　　성 취 법 성 지 장 신
諸佛法王所灌頂으로　　**成就法性智藏身**하고

실 능 해 료 법 실 상　　　안 주 일 체 중 선 법
悉能解了法實相하야　　**安住一切衆善法**이로다

모든 부처님 법왕께서 정수리에 물을 부어서

법의 성품 지혜의 몸을 성취하였고

법의 진실한 모양을 다 능히 깨달아

일체의 선善한 법에 안주하였도다.

　정수리에 물을 붓는 관정灌頂 의식은 세자가 한 나라의 법
통을 잇는다는 인도의 전통 관례다. 부처님의 법을 이어 계
속해서 전해 가도록 하는 소임을 맡는 것을 뜻한다. 그 일
을 감당하려면 법의 성품인 지혜의 몸을 성취하여야 한다.
그러므로 법의 진실한 모양을 다 능히 깨달아 일체의 선善한
법에 안주하는 것이다.

보 살 수 행 제 일 시　　　일 체 여 래 소 찬 희
菩薩修行第一施하니　　**一切如來所讚喜**라

소 작 개 몽 불 인 가 　　이 차 성 취 인 중 존
所作皆蒙佛忍可하야　　**以此成就人中尊**이로다

보살이 제일가는 보시를 닦아
일체 여래의 기쁘게 칭찬한 바가 되고
하는 일을 부처님께서 다 인가하시니
이것으로 사람 중에 높은 이를 이루었도다.

　보살이 제일가는 보시를 닦는다는 것은 온갖 선행 중에
서 보시가 제일가는 선행이라는 뜻이다. 그래서 육바라밀에
서도 보시가 먼저 강조된다. 또한 보시 중에 여러 가지가 있
지만 그중에서도 법을 보시하는 일이 제일이다. 세존께서는
평생 동안 법을 깨달아 법을 보시하는 것을 인생 최고의 가
치로 여기셨다. 그래서 일체 여래의 기쁘게 칭찬한 바가 되
고, 하는 일을 부처님께서 다 인가하시는 것이다. 그러고는
나아가서 사람 중에 가장 높은 이, 즉 세존이 된다.

보 살 성 취 묘 법 신 　　친 종 제 불 법 화 생
菩薩成就妙法身하니　　**親從諸佛法化生**이라

103
二十五. 십회향품十廻向品 11

위 리 중 생 작 법 등　　　　연 설 무 량 최 승 법
爲利衆生作法燈하야　　**演說無量最勝法**이로다

보살이 묘한 법신法身 성취하여서
부처님의 법으로부터 변화하여 나고
중생에게 이익 주려고 등불이 되어
한량없이 좋은 법을 연설하도다.

　보살이 묘한 법신法身 성취하여 그것으로 부처님의 법으로부터 변화하여 태어나는 것이 된다. 의법출생依法出生이라 하여 부처님의 법에 의해서 새로 태어난다는 뜻이다. 불교를 믿는 모든 불자는 부처님의 법으로부터 다시 태어나는 것이다. 세속적인 가치에서 벗어나 보다 숭고하고 높은 삶의 가치를 향해 살아가는 것을 말한다. 보다 숭고하고 높은 삶의 길은 무엇일까? 일체 중생에게 이익을 주려고 세상을 밝게 비추는 진리의 등불이 되어 한량없이 좋은 법, 훌륭한 법, 참다운 이치의 법을 연설하는 것이다.

3) 회향하는 행

수 소 수 행 묘 법 시
隨所修行妙法施하야

즉 역 관 찰 피 선 근
則亦觀察彼善根하고

소 작 중 선 위 중 생
所作衆善爲衆生하야

실 이 지 혜 이 회 향
悉以智慧而廻向이로다

수행하는 곳을 따라 미묘한 법을 보시하며

또한 저 선근을 관찰도 하며

여러 가지 지은 선근을 중생을 위하여

모두 다 지혜로써 회향하도다.

중생들의 필요에 따라 여러 가지 선근을 짓고, 다시 또 가장 높고 미묘한 법을 배워 그 모든 것을 중생을 위해 지혜로써 회향한다. 깨달음의 지혜로써 회향하는 것이 가장 궁극의 회향이다.

소 유 성 불 공 덕 법
所有成佛功德法을

실 이 회 시 제 군 생
悉以廻施諸群生하고

원 령 일 체 개 청 정　　　도 불 장 엄 지 피 안
願令一切皆淸淨하야　　**到佛莊嚴之彼岸**이로다

부처를 이루려는 공덕의 법을

회향하여 모든 중생에게 보시하면서

원하건대 모두 다 청정하여서

부처님의 장엄인 저 언덕에 이르러지이다.

　불법을 수행하는 데는 부처를 이룬다는 성불成佛이 가장 큰 목적이다. 그러나 그 부처를 이루려는 공덕의 법마저 회향하여 중생에게 보시한다. 이것이 회향의 법이다. 성불은 왜 하는가? 당연히 중생을 제도하기 위해서다. 만약 성불이 중생을 위한 것이라면 성불하기 위해 쌓은 공덕마저 중생에게 보시하는 것을 자신이 성불하는 일보다 먼저 하는 것은 당연하다. 자신은 제도를 얻지 못했으나 다른 중생을 먼저 제도하는 것이 진정한 불법이며 회향의 법이다.

시 방 불 찰 무 유 량　　　실 구 무 량 대 장 엄
十方佛刹無有量에　　**悉具無量大莊嚴**하니

여 시 장 엄 불 가 사　　　　진 이 장 엄 일 국 토
如是莊嚴不可思로　　　**盡以莊嚴一國土**로다

시방의 부처님 세계가 한량이 없고
한량없는 큰 장엄을 구족했는데
이와 같은 불가사의한 장엄으로써
모두 다 한 국토를 장엄하도다.

　불법이란 회향의 법이며 회향의 법이 진정한 불법이다. 스스로 공덕을 닦아 시방의 한량없는 세계를 또한 한량없이 장엄한다고 하자. 이와 같은 불가사의한 장엄을 모두 쏟아 부어 한 국토를 장엄하여 회향한다. 이 얼마나 풍요롭고 넉넉한 회향인가.

여 래 소 유 청 정 지　　　　원 령 중 생 개 구 족
如來所有淸淨智를　　　**願令衆生皆具足**호대

유 여 보 현 진 불 자　　　　일 체 공 덕 자 장 엄
猶如普賢眞佛子하야　　　**一切功德自莊嚴**이로다

여래가 가지신 청정한 지혜를
원컨대 중생들이 다 구족하여

보현보살이 부처님의 참다운 아들이듯이
일체 공덕으로 스스로를 장엄하여지이다.

불교에서 가장 이상적으로 여기는 보살은 보현보살이
다. 보현보살은 여래가 가지신 청정한 지혜를 다 갖추고 있
다. 그래서 보현보살을 부처님의 참다운 아들이며 맏아들
[長子]이라고 한다. 일체 선근을 중생에게 회향하면서 모든
중생이 보현보살과 같은 공덕으로 스스로를 장엄하기를 원
한다. 이것이 회향하는 일이다.

성 취 광 대 신 통 력
成就廣大神通力하고

왕 예 세 계 실 주 변
往詣世界悉周徧하야

일 체 중 생 무 유 여
一切衆生無有餘하야

개 사 수 행 보 살 도
皆使修行菩薩道로다

광대한 신통력을 성취하고서
세계에 나아가서 두루 가득해
일체 중생 하나도 남기지 않고
낱낱이 보살도를 수행케 하도다.

중생을 교화하여 그들을 수행케 하거나 선근을 닦게 하거나 선근을 다시 회향하게 하려면 그들을 감동시키는 큰 힘이 있어야 한다. 또 큰 덕화가 있어야 한다. 그것이 광대한 신통력이다. 그와 같은 신통력으로 모두 보살도를 수행하게 한다. 불법의 참뜻은 보살도를 수행하여 보살행을 널리 펼치는 일이기 때문이다. 참선을 하고 경전을 공부하고 기도를 하는 것도 선근 회향의 보살도를 실천하자는 것이 그 목적이다.

제 불 여 래 소 개 오
諸佛如來所開悟한

시 방 무 량 제 중 생
十方無量諸衆生으로

일 체 개 령 여 보 현
一切皆令如普賢하야

구 족 수 행 최 상 행
具足修行最上行이로다

모든 부처님 여래께서 깨치신 바를

시방의 한량없는 모든 중생들에게

그들이 하나하나 보현보살처럼

가장 높은 행行을 구족히 닦게 하도다.

불교의 궁극의 경지는 부처님께서 이루신 정각의 경지이다. 그 경지를 시방의 한량없는 중생이 모두 다 보현보살처럼 갖추어 닦게 한다. 회향의 극치는 보현행원이기 때문에 보현보살이 자주 등장한다.

제 불 보 살 소 성 취　　　종 종 차 별 제 공 덕
諸佛菩薩所成就한　　　**種種差別諸功德**이여

여 시 공 덕 무 유 변　　　원 사 중 생 실 원 만
如是功德無有邊을　　　**願使衆生悉圓滿**이로다

모든 부처님과 보살들이 성취한 바의
모든 공덕이 각각 차별해
이와 같이 한량없고 그지없는 공덕을
중생들이 모두 다 원만하기 원하도다.

모든 부처님과 모든 보살들이 성취한 바의 가지가지 차별한 일체 공덕이 한량없고 그지없는데 그 모든 선근을 일체 중생에게 회향하여 모두 다 원만하기를 원한다. 보살이 선근을 회향하는 마음은 이와 같다.

4) 과위果位를 밝히다

(1) 부처님 친견의 자재

보 살 구 족 자 재 력   소 응 학 처 개 왕 학
菩薩具足自在力하야   所應學處皆往學하고

시 현 일 체 대 신 통   보 예 시 방 무 량 토
示現一切大神通하야   普詣十方無量土로다

보살들이 자재한 힘을 갖추고
배울 것은 모두 다 가서 배우며
일체 큰 신통을 나타내면서
한량없는 시방세계 두루 나아가도다.

보살들이 자재한 힘을 다 갖추어 부처님께서 갖추신 능
력을 모두 다 가서 배우며, 큰 신통을 나타내어 한량없는 시
방세계 두루 나아가 부처님을 친견한다.

(2) 청정清淨을 얻다

보 살 능 어 일 념 경   근 등 중 생 무 수 불
菩薩能於一念頃에   覲等衆生無數佛하고

우 부 어 일 모 단 중　　　　진 섭 제 법 개 명 견
又復於一毛端中에　　　**盡攝諸法皆明見**이로다

보살이 한 생각에 중생 수數처럼

무수한 부처님께 가서 뵈옵고

또다시 털끝만 한 그런 속에서

모든 법을 다 거두어 분명히 보도다.

청정淸淨이란 훌륭하고 뛰어나고 텅 빈 경지를 뜻한다. 선
근을 닦아 회향하되 그 회향이 빛나고 아름다우며 흔적이
없이 텅 빈 상태다. 보살이 시간적으로는 한순간에 무수한
부처님을 뵈옵고, 공간적으로는 한 터럭 끝만 한 곳에서 모
든 법을 다 거두어 분명히 본다. 즉 보되 봄이 없는 청정이다.

세 간 중 생 무 유 량　　　　보 살 실 능 분 별 지
世間衆生無有量이어늘　　**菩薩悉能分別知**하며

제 불 무 량 등 중 생　　　　대 심 공 양 함 령 진
諸佛無量等衆生이어늘　**大心供養咸令盡**이로다

세간의 중생들이 한량없거늘

보살이 분별하여 모두 다 알고
부처님 한량없기 중생 같거늘
광대한 마음으로 모두 공양하도다.

중생이라는 뭇 생명의 수는 이루 다 말할 수 없이 많아서
한량이 없다. 그러나 보살은 하나하나 분별하여 모르는 것
이 없다. 보살이 중생의 수를 모를 리가 없다. 부처님도 그
수가 뭇 생명인 중생의 수와 꼭 같다. 부처님이 중생의 수와
꼭 같다는 것은 무슨 뜻인가? 중생이 그대로 부처님이라는
의미다. 보살은 또한 중생의 수와 같은 부처님께 큰 마음으
로 모두 공양 올린다.

종 종 명 향 상 묘 화
種種名香上妙華와

중 보 의 상 급 번 개
衆寶衣裳及幡蓋를

분 포 법 계 함 충 만
分布法界咸充滿하야

발 심 보 공 시 방 불
發心普供十方佛이로다

가지가지 이름난 향과 훌륭한 꽃과

보배로운 의복과 번幡과 일산日傘이

법계에 가득하게 널려 있거늘
마음을 내어 시방의 부처님께 공양하도다.

　부처님인 중생에게 올리는 공양의 종류를 밝혔다. 이름
난 향과 훌륭한 꽃과 보배로운 의복과 번幡과 일산日傘들이
다. 법계에 가득하게 공양 올린다.

일 모 공 중 실 명 견　　　부 사 의 수 무 량 불
一毛孔中悉明見　　　不思議數無量佛하며

일 체 모 공 개 여 시　　　보 례 일 체 세 간 등
一切毛孔皆如是하야　　普禮一切世間燈이로다

한 모공毛孔 속에서 밝게 보는 부처님
그 수효 한량없이 부사의한데
일체 모공毛孔이 다 이와 같거늘
일체 세간의 등불께 두루 예배하도다.

　인체에서 가장 작은 것은 모공이다. 그 작은 모공 모공
마다 불가사의한 부처님이 계시고, 많고 많은 모든 모공에

다 이와 같이 많다. 그 수효가 얼마인가. 이와 같이 무수한 부처님은 모두 세상을 밝게 비추는 등불이시다. 그 하나하나의 등불인 부처님께 널리 예배하고 공경하고 공양하고 찬탄한다. 어찌 법당에 모셔진 불상에만 예배하고 공양하는가. 갓바위 불상과 석굴암 불상에만 예배하고 공양하는가. 모공 속의 세포 하나하나가 모두 살아 있는 생명 부처님이다. 한 사람의 인체에는 60조의 세포가 있고, 그 하나하나의 세포에는 또다시 60조의 세포가 있다. 이 모두가 세상을 밝히는 등불의 부처님이다.

거 신 차 제 공 경 례
舉身次第恭敬禮

여 시 무 변 제 최 승
如是無邊諸最勝하고

역 이 언 사 보 칭 찬
亦以言詞普稱讚하야

궁 진 미 래 일 체 겁
窮盡未來一切劫이로다

이와 같이 그지없는 가장 수승한 분께
온몸으로 차례차례 예배를 하고
찬탄하는 말로써 칭찬하기를
미래의 일체 겁이 끝날 때까지 하네.

한 모공 속에 불가사의한 부처님이 계시고 낱낱 모공 속
에 또한 그와 같이 계시는 무수한 부처님, 그 부처님은 낱낱
이 그지없고 가장 수승한 분이시다. 그 낱낱 부처님께 온몸
으로 차례차례 예배하고 찬탄하는 말로써 칭찬하기를 미래
의 일체 겁이 끝날 때까지 한다. 이와 같이 일체 사람 일체 생
명을 부처님으로 이해하고 받들어 섬기며 찬탄하고 공양 공
경하는 것이 최상의 선근 회향이다.

일 여 래 소 공 양 구
一如來所供養具가

기 수 무 량 등 중 생
其數無量等衆生이어늘

여 시 공 양 일 여 래
如是供養一如來하고

일 체 여 래 역 부 연
一切如來亦復然이로다

한 여래께 바치는 공양거리가
그 수가 한량없는 중생 수와 같거늘
이와 같이 한 여래께 공양하듯이
일체의 여래께도 그렇게 하도다.

한 여래께 바치는 공양거리가 그 수가 한량없는 중생 수

와 같거늘 이와 같이 한 여래께 공양하듯이 한 모공 속에 불가사의한 부처님이 계시고 낱낱 모공 속에 또한 그와 같이 계시는 무수한 부처님께 똑같이 공양한다.

공 양 찬 탄 제 여 래
供養讚歎諸如來를

진 피 세 간 일 체 겁
盡彼世間一切劫하니

세 간 겁 수 가 종 진
世間劫數可終盡이어니와

보 살 공 양 무 휴 해
菩薩供養無休懈로다

모든 여래께 공양하고 찬탄하기를
세간의 일체 겁이 끝날 때까지 하나니
세간의 모든 겁은 끝날지언정
보살의 공양은 쉬거나 게으르지 않느니라.

모든 사람과 모든 생명을 부처님으로 믿고 이해하고 받들어 섬기며 공양 공경 존중 찬탄하는 일이 곧 불교다. 모든 사람 모든 생명을 받들어 섬기며 공양 공경 존중 찬탄하는 일 외에 달리 무슨 일이 있겠는가. 미래의 일체 겁이 다할지언정 모든 사람과 모든 생명을 받들어 섬기는 일은 끝나지 않으리라.

　보현행원품에서는 모든 불교와 화엄경을 결론 맺으면서 이와 같이 설하였다. "낱낱 부처님께 이루 다 말할 수 없이 말할 수 없는 아주 작은 티끌만치 많은 수의 몸을 나타내어 그 한 몸 한 몸이 이루 다 말할 수 없이 말할 수 없는 아주 작은 티끌만치 많은 부처님께 두루 절하는 것이니 허공계가 다하여야 나의 이 예배하고 공경함도 다하려니와 허공계가 다할 수 없으므로 나의 이 예배하고 공경함도 다함이 없느니라. 이와 같이 중생의 세계가 다하고 중생의 업이 다하고 중생의 번뇌가 다하여야 나의 예배함도 다하려니와 중생계와 내지 중생의 번뇌가 다함이 없으므로 나의 이 예배하고 공경함도 다함이 없느니라. 염념히 계속하여 쉬지 않건만 몸과 말과 뜻으로 하는 일은 지치거나 싫어함이 없느니라."

일 체 세 간 종 종 겁
一切世間種種劫이여

어 이 소 겁 수 제 행
於爾所劫修諸行하야

공 경 공 양 일 여 래
恭敬供養一如來호대

진 일 체 겁 무 염 족
盡一切劫無厭足이로다

일체 세간의 모든 겁이 한량없는데
그러한 겁 동안에 모든 행을 닦으며
한 여래께 공경하며 공양하기를
일체 겁이 다하도록 싫은 줄 모르도다.

회향이란 모든 사람 모든 생명을 부처님으로 믿고 이해하고 받들어 섬기는 일이다. 보살이 모든 사람 모든 생명을 부처님으로 받들어 섬기며 공양하고 공경하고 존중하고 찬탄하는 일에 어찌 끝나는 시간이 있겠는가. 어찌 싫은 마음이 있겠는가. 허공계가 다하고 중생계가 다하고 중생의 업이 다하고 중생의 번뇌가 다한다면 모르려니와 허공계와 중생계와 중생의 업과 중생의 번뇌가 다하지 않으므로 모든 사람 모든 생명을 부처님으로 받들어 섬기는 이 회향의 일은 끝나지 않을 것이다.

여 무 량 겁 공 일 불
如無量劫供一佛하야

공 일 체 불 개 여 시
供一切佛皆如是호대

역 부 분 별 시 겁 수   어 소 공 양 생 피 염
亦不分別是劫數하야   於所供養生疲厭이로다

한량없는 겁에 한 부처님께 공양하듯이

일체 부처님께 공양함도 다 이와 같이 하여

공양하는 겁의 수효 분별하지 않고

피로해하거나 싫어하지 않도다.

한 사람, 한 생명 부처님께 한량없는 겁 동안 공양 공경 존중 찬탄하듯이 일체 사람, 일체 생명 부처님께 공양 공경 존중 찬탄하는 것도 그와 같이 한다. 그리고 얼마 동안 하였다거나 피로하다거나 싫증이 난다거나 하지 않는다. 일체 중생을 존중하고 찬탄하는 일은 곧 보살의 영원한 생명의 노래며 보살의 영원한 환희이기 때문이다.

법 계 광 대 무 변 제   보 살 관 찰 실 명 료
法界廣大無邊際를   菩薩觀察悉明了하고

이 대 련 화 변 포 중   시 등 중 생 무 량 불
以大蓮華徧布中하야   施等衆生無量佛이로다

법계가 광대하여 끝이 없지만
보살이 관찰하여 분명히 알고
큰 연꽃을 그 가운데 가득히 쌓아
중생처럼 한량없는 부처님께 공양하도다.

　광대하여 끝이 없는 무변 허공에 큰 연꽃을 가득히 쌓아서 뭇 생명의 수와 같이 많고 많은 한량없는 사람 부처님과 생명 부처님께 공양한다. 연꽃은 무엇인가. 부처님의 바른 법이다. 세속이라는 진흙 속에서도 향기롭고 아름다운 진리의 꽃을 피운다. 중생과 부처가 동시에 존재한다는 이치를 보이는, 꽃과 열매가 함께하는 꽃이다. 그러므로 보리살타, 즉 깨달은 중생이라는 보살의 꽃이다. 이와 같은 이치의 연꽃으로 한량없는 중생 부처님께 공양 올린다.

보 화 향 색 개 원 만
寶華香色皆圓滿하고

청 정 장 엄 심 미 묘
清淨莊嚴甚微妙하야

일 체 세 간 무 가 유
一切世間無可喩로

지 이 공 양 인 중 존
持以供養人中尊이로다

보배꽃 빛과 향기 다 원만하고
청정한 장엄들도 매우 미묘하여
일체 세간에서 비유할 것이 없거늘
그것을 가져 세존께 공양하도다.

빛과 향기가 다 원만한 보배 꽃이란 앞에서 말한 연꽃이
다. 청정한 장엄으로 미묘하기 이를 데 없다. 세간의 어떤 것
도 연꽃에 비유할 수는 없다. 이와 같은 꽃으로 사람 가운
데 가장 높은 사람 부처님과 생명 부처님께 공양 올린다.

중 생 수 등 무 량 찰　　　제 묘 보 개 만 기 중
衆生數等無量刹에　　　諸妙寶蓋滿其中으로

실 이 공 양 일 여 래　　　공 일 체 불 개 여 시
悉以供養一如來하고　　供一切佛皆如是로다

중생처럼 한량없이 많은 세계에
아름다운 보배 일산 그 속에 가득한데
그것으로 한 여래께 공양하듯이
일체 여래께 공양함도 이와 같도다.

낱낱 중생이 그대로 낱낱 세계이다. 중생이 한량이 없듯이 세계도 또한 한량이 없다. 한량없는 세계에 아름다운 보배 일산을 가득히 채워 한 사람 여래에게 공양하듯이 일체 생명 여래에게 다 또한 이와 같이 공양한다. 보현행원의 극치이며 선근 회향의 극치이다. 이와 같은 정신이야말로 보살의 영원한 생명의 노래이다. 보살의 영원한 생명의 삶이다.

도 향 무 비 최 수 승　　일 체 세 간 미 증 유
塗香無比最殊勝이라　　**一切世間未曾有**이늘

이 차 공 양 천 인 사　　궁 진 중 생 수 등 겁
以此供養天人師호대　　**窮盡衆生數等劫**이로다

바르는 향香 수승하기 비길 데 없어
일체 세간에 일찍이 있지 않았거늘
이것으로 천인사天人師께 공양하기를
중생 수효 같은 겁이 다할 때까지 하도다.

세상에는 있지 않은 수승하고 특별한 향으로 인천의 스승이신 생명 여래께 공양 올리기를 중생의 수효와 같이 많고 많은 겁이 다할 때까지 한다. 그야말로 허공계가 다하고 중생계가 다하고 중생의 업이 다하고 중생의 번뇌가 다하더라도 일체 사람 여래와 일체 생명 여래에게 공양하는 일은 다하지 않는다. 이것이 보살의 회향이며 보살의 보현행원이다.

말 향 소 향 상 묘 화　　　　중 보 의 복 장 엄 구
沫香燒香上妙華와　　　　**衆寶衣服莊嚴具**로

여 시 공 양 제 최 승　　　　환 희 봉 사 무 염 족
如是供養諸最勝호대　　　**歡喜奉事無厭足**이로다

가루향과 사르는 향과 묘한 꽃들과
온갖 보배 의복이나 장엄거리로
가장 높은 이에게 공양하오며
환희하며 섬기기에 싫어할 줄 모르도다.

공양거리가 꽃과 일산과 바르는 향과 가루향과 사르는 향과 여러 가지 보배 의복과 장엄구들이다. 이 세상에서 귀하다고 생각되는 온갖 것을 모두모두 사람 부처님과 생명 부처님께 환희한 마음으로 받들어 공양 올리면서 싫어할 줄

모른다.

등 중생 수 조 세 등　　　염 념 성 취 대 보 리
等衆生數照世燈이　　**念念成就大菩提**하고

역 이 무 변 게 칭 술　　　공 양 인 중 조 어 자
亦以無邊偈稱述하야　**供養人中調御者**로다

중생 수와 같이 많은 세간을 비추는 등불이

순간순간에 큰 보리를 성취하시고

그지없는 많은 게송 일컬으시어

인간을 조복하고 제어하는 분께 공양하도다.

　세간을 비추는 등불이란 부처님이다. 또한 진리의 가르
침이다. 또한 진리의 당체인 청정법신부처님이다. 그와 같은
부처님의 수효는 중생의 수효와 같이 많다. 그 많은 부처님
이 순간순간 큰 깨달음을 이루시고 무수한 게송으로 찬탄
의 노래를 불러 다시 또 인간을 조복하고 제어하는 부처님
께 공양 올리신다. 이와 같이 공양에는 찬탄하고 격려하고
노래하고 춤을 추는 등의 온갖 공양이 있다. 사람이 사람을

찬탄하고 생명이 생명을 노래하는 아름다운 공양이다.

여 중 생 수 불 세 존 　　　　개 수 무 상 묘 공 양
如衆生數佛世尊에　　**皆修無上妙供養**하고

여 중 생 수 무 량 겁 　　　　여 시 찬 탄 무 궁 진
如衆生數無量劫에　　**如是讚歎無窮盡**이로다

중생의 수효처럼 많은 부처님 세존께

가장 높은 묘한 공양 이바지하며

중생의 수효처럼 한량없는 겁을

이와 같이 찬탄해도 끝나지 않도다.

　중생의 수효처럼 많고 많은 부처님께 중생의 수효처럼 많고 많은 겁 동안 가장 훌륭하고 미묘한 공양거리로 공양하고 공경하며 찬탄한다. 이것이 보현행원이며 보살의 선근 회향이다. 이와 같은 설명을 아무리 반복해서 강조하더라도 지치지 않고 환희 봉행하는 것이 또한 선근 회향이다.

여 시 공 양 제 불 시　　　　이 불 신 력 개 주 변
如是供養諸佛時에　　　　以佛神力皆周徧하야

실 견 시 방 무 량 불　　　　안 주 보 현 보 살 행
悉見十方無量佛하고　　　安住普賢菩薩行이로다

이와 같이 부처님께 공양할 때에
부처님의 신력으로 모두 두루 하여
시방의 한량없는 부처님을 친견하고
보현의 보살행에 안주하도다.

　그동안 위에서 수많은 공양거리를 열거하고 무수한 부처
님께 무수한 세월 동안 공양하는 내용을 밝혔다. 이와 같이
부처님께 공양할 때에 부처님의 신력으로 한 중생과 한 생명
에게도 빠짐없이 두루두루 한다. 그것은 곧 모든 사람 모든
생명을 한량없는 부처님으로 친견하며 받드는 일이 된다. 그
것은 또한 보현보살의 행원에 안주하여 영원한 생명의 노래
를 부르는 것이 된다. 영원한 생명의 율동律動과 영원한 생명
의 환희와 영원한 생명의 위덕威德과 영원한 생명의 체온과 숨
결을 호흡하며 누리는 것이 된다.

(3) 제10 회향의 총결 總結

과 거 미 래 급 현 재
過去未來及現在에

소 유 일 체 제 선 근
所有一切諸善根이여

영 아 상 수 보 현 행
令我常修普賢行하야

속 득 안 주 보 현 지
速得安住普賢地로다

지난 세상 오는 세상 지금 세상에서
닦아 쌓은 일체 모든 선근으로
나로 하여금 보현행을 항상 닦게 하고
보현보살 지위에 빨리 머물게 하도다.

불법은 언제나 온갖 선근을 닦게 하고, 그 선근으로 모
든 보살행의 궁극인 보현행원을 더욱 열심히 수행하게 한다.
그래서 하루빨리 부처님의 장자長子인 보현보살의 지위에 안
주하게 하는 것이다. 이것을 청량스님은 제10 회향의 전체적
인 결론이라고 하였다. 보현의 행원은 열 가지로서, 모든 부
처님께 예배하고 공경함이 그 하나요, 부처님을 우러러 찬탄
함이 그 둘이며, 널리 공양함이 그 셋이요, 스스로의 업장을
참회함이 그 넷이며, 남의 공덕을 따라 기뻐함이 그 다섯이
요, 설법하여 주기를 청함이 그 여섯이며, 부처님께서 세상에

오래 머무르시기를 청함이 그 일곱이며, 항상 부처님을 따라
배움이 그 여덟이며, 항상 중생을 따름이 그 아홉이요, 모두
다 회향함이 그 열이다. 열 번째 회향의 총결론을 보현의 열
가지 행원으로 나타낸 것은 회향이 불교의 결론이며 화엄경
의 결론이며 보현행원의 결론임을 거듭 밝힌 것이다.

일 체 여 래 소 지 견   세 간 무 량 제 중 생
一切如來所知見인   **世間無量諸衆生**으로

실 원 구 족 여 보 현   위 총 혜 자 소 칭 찬
悉願具足如普賢일새   **爲聰慧者所稱讚**이로다

일체 여래께서 알고 보시는
세간에 한량없는 모든 중생
보현처럼 모든 것 구족하기 원하여
총명한 이[聰慧者]의 칭찬을 받아지이다.

일체 여래께서 다 알고 다 보시는 세상의 한량없는 많고
많은 중생이 하나도 남김없이 보현보살처럼 열 가지 행원을
모두 구족하여 부처님의 장자가 되어서 부처님의 칭찬 받기

를 희망하는 것이다. 이것이 제10 회향의 결론이다.

5) 회향의 수승한 덕을 찬탄하다

(1) 수행을 들어서 수승함을 찬탄하다

차 시 시 방 제 대 사　　　　공 소 수 치 회 향 행
此是十方諸大士의　　　**共所修治廻向行**이라

제 불 여 래 위 아 설　　　　차 회 향 행 최 무 상
諸佛如來爲我說하시니　**此廻向行最無上**이로다

이것이 시방세계 모든 보살이

다 같이 닦으시는 회향행이니

모든 여래께서 저를 위해 말씀하시되

이 회향행이 가장 높다 하시니라.

열 가지 회향에 대한 법문을 마치면서 회향의 수승한 덕
을 찬탄하여 밝히는 내용이다. 시방세계 모든 보살이 다 같
이 닦으시는 회향의 행을 여래께서 금강당보살을 위해 말씀
하시기를 "이 세상에 많고 많은 선행이 있지만 그중에서도

스스로 선근을 닦아 다시 그 선근이 크게 확산되기를 원하는 회향이 가장 높은 행이다."라고 하신 것이다.

회향廻向이란 회소향대廻小向大라고 하여 작은 것을 되돌려 보다 큰 것으로 향하게 하는 일이다. 기도를 마치고 회향하는 것이나, 불사를 마치고 회향하는 것이나, 공부를 한 과정 마치고 회향하는 것은 모두가 지금까지 한 기도와 불사와 공부에서 보다 더 큰 기도, 더 큰 불사, 더 큰 공부로 나아간다는 뜻이다. 그러므로 불교의 수많은 낱말 중에서 회향이라는 말보다 더 좋은 말은 없다.

화엄경에서 열 권 반이나 되는 법문이 이 회향이라는 낱말 하나를 설명한 것이다. 더 나아가서 보면 부처님의 팔만사천 법문이 이 회향이라는 뜻을 전하기 위한 법문이다. 그러므로 불교는 오로지 회향뿐이라고 해도 지나친 말이 아니다.

시 방 세 계 무 유 여
十方世界無有餘한

기 중 일 체 제 중 생
其中一切諸衆生을

막 불 함 령 득 개 각　　　실 사 상 여 보 현 행
莫不咸令得開覺하야　　**悉使常如普賢行**이로다

시방세계의 남김이 없는

그 가운데의 모든 중생을

모두가 이런 법을 깨닫게 하여

언제나 보현행普賢行과 같게 하도다.

시방 일체 세계에 있는 모든 중생이 이 회향이라는 법을
깨달아 실천하도록 권한다. 회향의 행을 실천하는 것을 달
리 말하면 보현의 행원이라고도 한다. 그래서 "언제나 보현
행과 같게 한다."고 한 것이다.

여 기 회 향 행 보 시　　　역 부 견 지 어 금 계
如其廻向行布施하고　　**亦復堅持於禁戒**하며

정 진 장 시 무 퇴 겁　　　인 욕 유 화 심 부 동
精進長時無退怯하고　　**忍辱柔和心不動**이로다

회향하는 일처럼 보시布施 행하고

또한 다시 계행戒行도 굳게 지니며

오랫동안 정진精進해서 물러서지 않고
인욕하고 유화하여 그 마음 움직이지 않도다.

보시는 회향으로 일체 선근을 베푸는 일이다. 남을 배려
하고 마음을 나누며 사는 일이다. 계행은 윤리와 도덕과 예
의를 굳게 지켜서 품위를 유지하는 일이다. 정진은 보시와
지계를 어떤 일이 있어도 물러서지 않고 계속하는 일이다. 인
욕은 좋은 일도 참고 나쁜 일도 참아서 그 마음이 부드럽고
유화하여 어떤 경계가 닥치더라도 움직이지 않는 것이다.

선 정 지 심 상 일 연　　　　　지 혜 요 경 동 삼 매
禪定持心常一緣하고　　**智慧了境同三昧**하야

거 래 현 재 개 통 달　　　　　세 간 무 유 득 기 변
去來現在皆通達하니　　**世間無有得其邊**이로다

선정禪定을 닦아 늘 마음 한 곳에 있고
지혜로 아는 경계 삼매와 같아
과거 미래 현재를 다 통달하니
세간에서는 그 끝을 알지 못하도다.

선정은 마음이 한 곳에 집중하여 흔들리지 않는 것이다. 지혜는 곧 삼매를 통해서 얻어지는 것이다. 그러므로 일체 경계를 명료하게 안다. 십회향의 보살은 이와 같이 과거나 미래나 현재에 이 육바라밀을 다 통달하여 그 수승함을 세간에서는 찾을 곳이 없으며 비교할 사람이 없다.

실로 깨달은 중생인 보리살타는 자기 본성인 차별 없는 참사람 안에 본래로 갖추고 있는 육바라밀을 한껏 펼치며 나타낸다. 그러나 누구나 본래로 이 육바라밀을 참마음 속에 다 갖추고 있으나 오온五蘊이 자기라는 의식에 갇혀서 가지고 있으면서도 펼치지를 못한다.

불교란 다름이 아니라 사람 사람마다 진여본성에 본래로 갖추고 있는 육바라밀과 사섭법과 사무량심과 십선과 인의예지를 믿고 이해하여 한껏 펼쳐서 널리 회향하는 일이다. 이와 같은 가르침이 참다운 불교다. 그래서 불교를 회향이라는 한마디로 다 표현한다.

보살 신 심 급 어 업
菩薩身心及語業의

여 시 소 작 개 청 정
如是所作皆淸淨하며

일 체 수 행 무 유 여
一切修行無有餘하야

실 여 보 현 보 살 등
悉與普賢菩薩等이로다

보살의 몸과 마음과 말로 짓는 업業

이와 같은 일들이 모두 다 청정하며

모든 수행 하나도 빠지지 않아

모두 다 보현보살과 평등하도다.

불교에서는 흔히 삼업三業이 청정하기를 가르친다. 어떻게 하면 삼업이 청정하여질까? 진여자성 안에 본래로 갖추고 있는 육바라밀과 사섭법과 사무량심과 인의예지와 십선을 믿고 이해하여 크게 드날리는 회향의 행으로 삼업이 청정하여진다. 그것은 곧 불교의 가장 모범이며 이상적인 성인인 보현보살과 평등하여지는 길이다.

비 여 법 계 무 분 별
譬如法界無分別하야

희 론 염 착 개 영 진
戱論染着皆永盡하며

역 여 열 반 무 장 애　　　　심 상 여 시 이 제 취
亦如涅槃無障礙하야　　**心常如是離諸取**로다

비유하면 법계가 분별없듯이

회론戱論과 염착染著이 아주 다하고

열반이 모든 장애 없는 것처럼

마음도 이와 같이 온갖 집착 항상 여의었도다.

법계가 분별이 없다는 것은 차별이 없다는 뜻이다. 우주
법계는 그대로가 진리의 세계이다. 진리의 세계에 무슨 분별
과 차별이 있겠는가. 법의 세계에는 진리가 아닌 희론이 없
고 번뇌에 물든 집착이 없다. 열반이 일체 번뇌와 장애를 떠
났듯이 마음도 이와 같아서 일체 집착을 영원히 떠났다.

(2) 수행修行하기를 권하다

지 자 소 유 회 향 법　　　　제 불 여 래 이 개 시
智者所有廻向法을　　**諸佛如來已開示**하시니

종 종 선 근 실 회 향　　　　시 고 능 성 보 살 도
種種善根悉廻向일새　　**是故能成菩薩道**로다

지혜 있는 사람의 회향하는 법을
모든 부처님께서 이미 열어 보이고
가지가지 선근을 다 회향했나니
그러므로 보살의 도를 능히 이루었도다.

보살이 보살의 도를 이루는 길은 모든 부처님께서 열어
보이신 회향의 법을 행하는 것이다. 이 법을 통하여 가지가
지 선근을 일체 중생에게 다 회향하는 일이 보살의 길이며 불
교의 길이다.

불 자 선 학 차 회 향
佛子善學此廻向하야

무 량 행 원 실 성 만
無量行願悉成滿하야

섭 취 법 계 진 무 여
攝取法界盡無餘일새

시 고 능 성 선 서 력
是故能成善逝力이로다

불자들이 이 회향廻向을 잘 배웠으며
한량없는 행行과 원願을 원만히 성취하여
법계를 다 거두어 남음이 없을새
그러므로 선서善逝의 힘을 이루었도다.

선서善逝이신 부처님께서 성취하신 힘을 모든 불자들이 성취하려면 선근 회향을 잘 배워서 한량없는 보현보살의 행원을 원만히 성취해야 한다. 그것은 곧 우주법계를 다 거두어 남음이 없이 교화하고 조복하는 일이기도 하다.

약 욕 성 취 불 소 설
若欲成就佛所說

보 살 광 대 수 승 행
菩薩廣大殊勝行인댄

의 응 선 주 차 회 향
宜應善住此廻向이니

시 제 불 자 호 보 현
是諸佛子號普賢이로다

부처님께서 말씀하신 모든 보살의
광대하고 수승한 행行을 성취하려면
마땅히 이 회향에 잘 머무를지니
이 모든 불자를 보현이라 이름하리라.

부처님께서 말씀하신 모든 보살의 광대하고 수승한 행行이란 무엇인가? 그것은 지금까지 길게 말씀하신 선근을 회향하는 일이다. 선근을 회향하는 일은 비단 십회향품의 내용만은 아니다. 화엄경의 핵심이며 불교의 핵심이다. 마땅히

이 회향하는 법에 잘 머무르는 사람은 모두가 그대로 보현
보살이다.

6) 공덕을 헤아리다

일 체 중 생 유 가 수　　　　삼 세 심 량 역 가 지
一切衆生猶可數며　　　三世心量亦可知어니와

여 시 보 현 제 불 자　　　　공 덕 변 제 무 능 측
如是普賢諸佛子의　　　功德邊際無能測이로다

일체 중생들은 오히려 다 셀 수 있으며

삼세의 마음들도 또한 알 수 있으나

이와 같은 보현보살 여러 불자의

그지없는 공덕은 측량하지 못하리라.

보살이 온갖 선근을 닦아 회향하는 그 공덕의 양이 얼마
나 되는가를 밝힌 내용이다. 일체 중생의 수는 무량무수하
기 때문에 실은 헤아릴 수 없다. 과거 현재 미래 중생들의 마
음 작용의 양도 실은 헤아릴 수 없다. 그런데 설사 일체 중

생의 수를 헤아려 다 알고 과거 현재 미래의 마음을 헤아려 다 안다 하더라도 십회향의 법을 행한 그 불자 보현보살의 그지없는 공덕은 측량할 수 없다.

일 모 탁 공 가 득 변
一毛度空可得邊이며

중 찰 위 진 가 지 수
衆刹爲塵可知數아니와

여 시 대 선 제 불 자
如是大仙諸佛子의

소 주 행 원 무 능 량
所住行願無能量이로다

터럭 하나로 허공을 재어 그 끝을 알고
많고 많은 세계의 먼지도 다 셀 수 있지만
이와 같은 큰 신선神仙인 모든 불자의
머무는 바의 행과 원은 측량하지 못하리라.

터럭 하나로 어찌 허공을 재어 그 끝을 알 수 있으며, 많고 많은 세계의 먼지를 어찌 헤아려 그 수를 알 수 있겠는가. 설사 터럭 하나로 허공을 재어 그 끝을 알고, 많고 많은 세계의 먼지를 헤아려서 알 수 있다 하더라도 큰 신선인 부처님과 같은 불자들의 선근 회향의 행과 원은 그 양을 측량하지 못할 것이다. 선근 회향의 공덕은 일체 공덕 중에 가장 높고 가장 넓고 가장 크고 가장 수승한 공덕이기 때문에 세상 무엇으로도 비교할 수 없다. 또한 어떤 방법으로도 그 양을 헤아릴 수 없다.

부처님의 공덕을 헤아릴 수 없음을 밝힌 글이 있다. "온 세계를 먼지로 만들어 그 수효와 같은 낱낱 마음을 모두 헤아려 다 알고, 큰 바다의 물을 다 마시고, 허공을 재어서 그 양을 알고, 지나가는 바람을 묶어 둘 수 있다 하더라도 부처님의 크고 크신 공덕은 다 설할 수 없도다."[4] 실로 부처님의 공덕이나 선근 회향의 공덕을 무엇으로도 헤아릴 수 없음을 충분히 알 것이다.

열 권 반이나 되는 길고 긴 십회향의 설법이 이제 끝났다. 십회향품의 강설을 끝내면서 느낀 소회와 당부의 말씀을 조금 부연하고자 한다.

세상을 아름답고 향기롭고 살기 좋은 곳으로 만드는 유

---

4) 刹塵心念可數知 大海中水可飮盡 虛空可量風可繫 無能盡說佛功德.

일한 방법은 선근을 회향하는 일뿐이다. 불교는 모든 존재가 '회廻'하고 '향向'하는 것[廻向]의 연속이라는 이치를 깨달아 이 이치를 사람의 삶으로 세상에 펼치는 데 있다.

모든 존재가 '회廻'하고 '향向'하는 것[廻向]의 연속이라는 이치란 무엇인가? 호흡呼吸에서 '흡吸'이 '회廻'라면 '호呼'는 '향向'이다. 음식을 삼키는 것은 '회'고 배설하는 것은 '향'이다. 받는 것은 '회'고 주는 것은 '향'이다. 집으로 돌아오는 것은 '회'고 직장을 나가거나 볼일이 있어 나가는 것은 '향'이다. 돈을 버는 것은 '회'고 돈을 쓰는 것은 '향'이다. 지식을 습득하는 것은 '회'고 남을 가르치는 것은 '향'이다. 덕을 닦고 수행하는 것은 '회'고 다른 사람들에게 자신의 수행을 베푸는 것은 '향'이다. 이와 같이 세상의 모든 일은 일체가 회향이라는 이치에 그 뿌리를 두고 있다.

불교는 이와 같은 이치를 알아서 그 이치에 맞게 사는 것을 가르치는 종교다. 모두가 열심히 수행해서 그 수행을 다른 사람에게 나누고 베푸는 일이 불교다. 결제 동안 한철을 정진하고 해제 동안에는 육바라밀을 상징하는 육환장을 짚고 육도만행을 삶의 현장에서 몸소 실천하도록 되어 있는 까닭이 이것이다.

육도만행의 첫째 바라밀은 보시다. 베풀고 나누는 일이다. 참선이나 기도나 경전을 나누기가 알맞지 못하다면 노동이라도 나눠야 한다. 농사를 짓고 가축을 키우는 데 가서 그 일을 도와야 한다. 부산 기장군 월내의 묘관음사에서 여름 한철 참선할 때였다. 한밤에 어부들이 멸치를 잡는데 그물을 끌어올리는 것을 가서 도운 일이 있다. 하다못해 초상집에 가서 곡哭이라도 해서 도와야 한다. 실제 도반 한 사람은 초상집에 가서 곡하는 것을 도운 경우도 있다. 농사일을 돕고 재해가 났을 때 돕는 것은 당연한 일이다. 이와 같이 온갖 선근을 잘 회향하여 세상을 아름답게 하고 국토를 청정하게 가꾸어야 하는 것이 보살의 길이며 불자의 삶이다.

부처님께서는 왕자의 지위를 버리고 출가 수행하여 정각을 이루었다. 그 큰 희생을 치르고 무엇을 얻었는가? 또 무엇을 가르치려고 80평생 노구를 이끌고 뜨거운 인도 땅을 전전하였는가? 얻은 것도 회향의 이치이고, 가르치려 한 것도 회향의 이치이고, 한평생을 당신이 깨달으신 진리를 널리 베푼 것도 회향의 이치이다. 이 회향만이 인류를 복된 삶으로 인도하는 길이기 때문이다.

다시 말해서 회향은 불교의 전부다. 부처님께서는 이 회향이라는 한마디를 전하려고 팔만사천의 숱한 방편을 동원하였던 것이다. 화엄경에서는 열 권 반을 회향이라는 한마디를 두고 이렇게 설명하고 저렇게 설명하였다. 그러니 모든 사람 모든 불자들이여, 부디 이 십회향품을 읽고 또 읽을 것을 간곡히 바라노라. 읽고 또 읽어 회향의 이치를 깨달아 삶에서 실천하기를 두 손 모아 기원하노라.

십회향품 11 끝

〈제33권 끝〉

華嚴經 構成表

分次	周次			内容	品數	會次
舉果勸樂生信分 (信)	所信因果周			如來依正	世主妙嚴品 第一 如來現相品 第二 普賢三昧品 第三 世界成就品 第四 華藏世界品 第五 毘盧遮那品 第六	初會
修因契果生解分 (解)	差別因果周	差別因		十信	如來名號品 第七 四聖諦品 第八 光明覺品 第九 菩薩問明品 第十 淨行品 第十一 賢首品 第十二	二會
				十住	昇須彌山頂品 第十三 須彌頂上偈讚品 第十四 十住品 第十五 梵行品 第十六 初發心功德品 第十七 明法品 第十八	三會
				十行	昇夜摩天宮品 第十九 夜摩天宮偈讚品 第二十 十行品 第二十一 十無盡藏品 第二十二	四會
				十廻向	昇兜率天宮品 第二十三 兜率宮中偈讚品 第二十四 十廻向品 第二十五	五會
				十地	十地品 第二十六	六會
				等覺	十定品 第二十七 十通品 第二十八 十忍品 第二十九 阿僧祇品 第三十 如來壽量品 第三十一 菩薩住處品 第三十二	七會
		差別果		妙覺	佛不思議法品 第三十三 如來十身相海品 第三十四 如來隨好光明功德品 第三十五	
	平等因果周	平等因			普賢行品 第三十六	
		平等果			如來出現品 第三十七	
托法進修成行分 (行)	成行因果周			二千行門	離世間品 第三十八	八會
依人證入成德分 (證)	證入因果周			證果法門	入法界品 第三十九	九會

（資料：文殊經典研究會）

會場	放光別	會主	入定別	說法別舉
菩提場	遮那放齒光眉間光	普賢菩薩爲會主	入毘盧藏身三昧	如來依正法
普光明殿	世尊放兩足輪光	文殊菩薩爲會主	此會不入定．信未入位故	十信法
忉利天宮	世尊放兩足指光	法慧菩薩爲會主	入無量方便三昧	十住法門
夜摩天宮	如來放兩足趺光	功德林菩薩爲會主	入菩薩善思惟三昧	十行法門
兜率天宮	如來放兩膝輪光	金剛幢菩薩爲會主	入菩薩智光三昧	十廻向法門
他化天宮	如來放眉間毫相光	金剛藏菩薩爲會主	入菩薩大智慧光明三昧	十地法門
再會普光明殿	如來放眉間口光	如來爲會主	入刹那際三昧	等妙覺法門
三會普光明殿	此會佛不放光．表行依解法依解光故	普賢菩薩爲會主	入佛華莊嚴三昧	二千行門
祇陀園林	放眉間白毫光	如來善友爲會主	入獅子頻申三昧	果法門

如天 無比

1943년 영덕에서 출생하였다. 1958년 출가하여 덕흥사, 불국사, 범어사를 거쳐 1964년 해인사 강원을 졸업하고 동국역경연수원에서 수학하였다. 10여 년 선원생활을 하고 1976년 탄허 스님에게 화엄경을 수학하고 전법, 이후 통도사 강주, 범어사 강주, 은해사 승가대학원장, 대한불교조계종 교육원장, 동국역경원장, 동화사 한문불전승가대학원장 등을 역임하였다.

2018년 5월에는 수행력과 지도력을 갖춘 승랍 40년 이상 되는 스님에게 품서되는 대종사 법계를 받았다. 현재 부산 문수선원 문수경전연구회에서 150여 명의 스님과 300여 명의 재가 신도들에게 화엄경을 강의하고 있다. 또한 다음 카페 '염화실'(http://cafe.daum.net/yumhwasil)을 통해 '모든 사람을 부처님으로 받들어 섬김으로써 이 땅에 평화와 행복을 가져오게 한다.'는 인불사상人佛思想을 펼치고 있다.

저서로 『무비 스님의 유마경 강설』(전 3권), 『대방광불화엄경 실마리』, 『무비 스님의 왕복서 강설』, 『무비 스님이 풀어 쓴 김시습의 법성게 선해』, 『법화경 법문』, 『신금강경 강의』, 『직지 강설』(전 2권), 『법화경 강의』(전 2권), 『신심명 강의』, 『임제록 강설』, 『대승찬 강설』, 『당신은 부처님』, 『사람이 부처님이다』, 『이것이 간화선이다』, 『무비 스님과 함께하는 불교공부』, 『무비 스님의 증도가 강의』, 『일곱 번의 작별인사』, 무비 스님이 가려 뽑은 명구 100선 시리즈(전 4권) 등이 있고 편찬하고 번역한 책으로 『화엄경(한글)』(전 10권), 『화엄경(한문)』(전 4권), 『금강경 오가해』 등이 있다.

대방광불화엄경 강설 제33권

| 초판 1쇄 발행_ 2015년 12월 25일
| 초판 3쇄 발행_ 2021년 6월 15일

| 지은이_ 여천 무비(如天 無比)
| 펴낸이_ 오세룡
| 편집_ 박성화 손미숙 유나리
| 기획_ 최은영 곽은영
| 디자인_ 고혜정 김효선 장혜정
| 홍보 마케팅_ 이주하
| 펴낸곳_ 담앤북스
　　　　서울특별시 종로구 새문안로3길 23 경희궁의 아침 4단지 805호
　　　　대표전화 02)765-1251 전송 02)764-1251 전자우편 damnbooks@hanmail.net
　　　　출판등록 제300-2011-115호
| ISBN　978-89-98946-79-1　04220

정가 14,000원